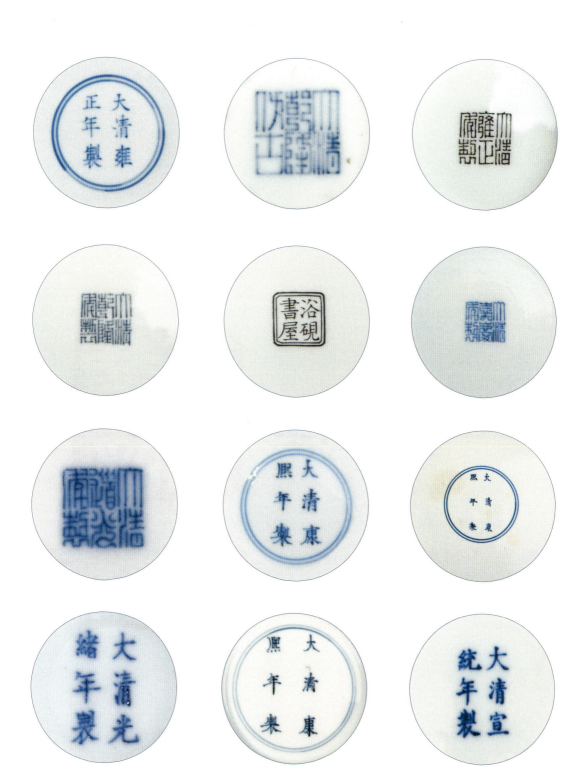

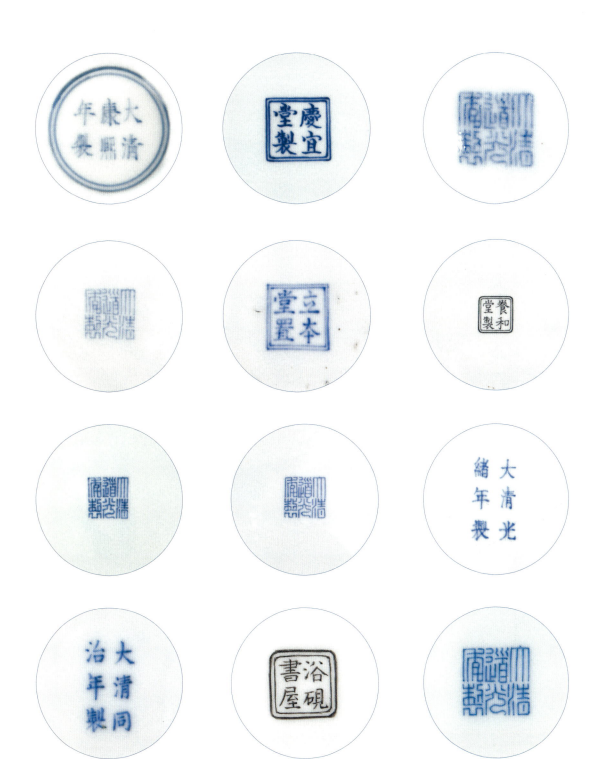

乙未龙

蔡国庆的
收藏主义

蔡国庆◎著

中国青年出版社

目录

序

国庆藏龙记 ◎范曾

　　闻一多先生于《龙凤》一文中，以为龙为夏之图腾，凤为殷之图腾，然述焉不详。窃以为远古先民之图腾，起于氏族对祖先之崇拜。或一鸟，或一兽，皆可成图腾信仰之对象。以我之见龙之为物，鹿角、牛鼻、蛇身、鱼鳞、兽爪，足证彼时部落联盟已然形成，各氏族于图腾各有其位，则综合之形象乃以成龙。至国家以立，帝王专而为私，所谓帝德天威，盖于其初义相悖。然华夏百姓中心之钦慕略无变化，至人民当家作主之时，回归全民，是所必然。

　　国庆固当代歌坛俊杰，以龙之传人自励，喜其庄肃威严，龙举云兴，正故国不衰之梦境，每于其歌唱中显现，虽千万人广场，声气相共，此国庆不图荣利、只求嘤鸣之初衷也。

　　国庆偏爱收藏龙纹官窑之瓷器，自明嘉靖以迄清宣统，中无间断，列于室内，不只摩挲，更隐闻九弄龙吟，其乐融融者矣。国庆藏龙不以泛求，但取精美，深悟厚藏多失之哲理，世之藏家苟有此心态，则省却多少烦恼，藏可养性，斯之谓欤？

　　国庆藏龙既付剞劂，嘱为短文以述，谨志欣如上。

二零一五年夏

國慶藏龍記

聞一多先生於《龍鳳》一
文中，嘗以為龍為夏之圖騰鳳
為殷之圖騰，然述焉玉詳竊
以為遠古先民之圖騰，起於
氏族對祖先之崇拜。或一禹或
一戰，皆可成圖騰信仰之對象。
戰之見龍之為物，鹿角牛鼻蛇
身、魚鱗、戰爪，乃微彼時部
落聯盟已然形成，各氏族相圖
騰各有其位，別綜合之形象乃
以成龍。至國家以王事事而
為私，所謂帝德天威美於其初
義相悖。然華夏百姓中心之欽
慕者無變化，此乃人民當家作主
之時，個歸全民，是所必然。
國慶圖當代敬壇俊傑，以龍
之傳，個人自勵，喜其莊所威嚴，
龍舉雲興正我國不衰之夢境、

每於其歌唱中顯現，班千萬人廣塲，聲氣相共，此國慶之團榮利，六末嬰鳴之功臬也。

國慶偏愛收藏龍紋宣窰之瓷器，自明嘉靖以逮清宣統中無間斷，列於室內，以其摩挲，更隱聞九霄龍吟，其樂融者矣。國慶藏龍不以泛末，僅取精美，深悟厚藏多失之哲理，世之藏家苟有此心態，則省卻多少煩惱藏可養性，斯之謂歟？

國慶藏龍既付剞劂，囑為短文以述，謹誌欣如上。

乙酉三○二五年夏

大藏于心　◎耿宝昌

贺 国庆龙镶收藏集
龙行天下
大藏于心

耿宝昌书

龙马精神　◎马未都

马未都

　　老派的收藏过去都讲究秘不示人，自娱自乐，最多请三五知己，半请教半炫耀地展示一番，按今天流行的话说，叫"低调地奢华"。这种低调的奢华一直伴随着古老的收藏文化，尤其过去的收藏家大都是文化翘楚，深谙个中之道，富贵不淫，宠辱不惊。

　　可今天的收藏却是另一番景象，热闹非凡，大张旗鼓，有让天下为之一振的气魄，把个滩涂拾贝的悠闲搞成了拉网式的捕鱼，丰收到是丰收，只是缺了乐趣少了优雅。

　　当收藏大潮涌来的时候，海滩上一派欢呼雀跃，但总有气定神闲者，按自己的思路和方式在其中徜徉，选择自己喜欢的并又适合自己的"猎物"，以耐力换得成果，最终获得一份满意的收获。

　　蔡国庆先生以唱闻名，却不沾沾自喜，工作之暇悄然走入收藏天地，由浅入深，由近及远，慢慢地选择一个古老的题材作为收藏的主题，这就是龙，中华民族几千年来形成的文化图腾。

　　龙成为中华文化的图腾至少用了五千年时间，它一点一点地完善起来，由模糊不清到清楚具象，由随性表达到专致刻板，最终形成了我们今天见到的样子，全世界其他民族也欣然接受了它。这个能上天入水，翻云覆雨，能幽能明，能长能短的"神"的形象，对中华民族精神层面影响至深，它以"九似"取各家动物之长：角似鹿，头似驼，眼似虾，颈似蛇，腹似蜃，鳞似鲤，爪似鹰，掌似虎，耳似牛。九为阳数之尊，集飞、游、走、爬等各类动物于一身，充分体现了我们民族的想象力，满足了我们日渐丰满的情感。

收藏选择一个主题可以事半功倍。尤其不以投资为直接目的收藏，选择一个自己钟情的主题会让收藏有目标，有内容，进而有收获，有乐趣。国庆用了十几年的时间，集腋成裘，当他抱来一摞书稿请我写几个字时，我才发现收藏之花什么时候开放什么时候美丽。

国庆以龙为主题，官窑瓷器为主，间或其他门类。他把他的收藏故事及心理活动娓娓讲述，毫不矫揉造作，让人知道他歌喉之外的能力与爱好。一个人以己之长粲然入世，取得成绩有目共睹；以己之短聊补慰藉，亦能获得一份成果，这才是收藏真谛。

这些年，收藏类的图书雨后春笋，但有国庆这份清新的收藏又能编辑成书者并不多见。思路好还要有恒心，诱惑多且不受诱惑。此书不仅为国庆自己作为纪念，也为这个纷杂的时代留下纪念。

是为序。

2015/8/1

自序

收藏　　眼里的　心里的　自己的

　　小时候，我住奶奶家的四合院。那是一个非常可爱的院子，有个大葡萄架，葡萄架下有奶奶的两口大鱼缸。夏天的时候，葡萄架下难得的阴凉，每当我趴上去看的时候，那些鼓着眼球的金鱼都扬起脖子，张合着嘴发出啪啪的响声，我看到自己的脸，随着水波晃动。而爷爷养的那群鸽子，每每飞向天空，悦耳的鸽哨声在耳旁回荡，那真是我童年最难忘的时光。

　　在这样的环境里生活，可看、可听、可玩的东西特别多，那样充满情趣和乐趣的生活就是开启我收藏之路的钥匙。"文革"后期我爸爸回到北京，那时候北京有很多委托商行，类似于现在的典当铺。我父亲是歌剧演员，但非常钟爱中国传统艺术品，常带我去店里逛。我看到有的桌子腿断了，还有磕碰痕迹，但依然掩盖不住它的美。当时我就想：为什么那两条龙是对称的？为什么桌子腿雕了那么多花？这些好奇让我对那些叔叔阿姨眼里的"破烂儿"产生了特殊的好感。父亲还带我去过北京很有名的琉璃厂，那时大概是20世纪80年代中后期，中国艺术品刚刚可以流通。父亲看上一把精美的扇子，上面画了马晋的一幅画，200多块钱。那会儿我在歌坛上刚刚唱歌，一场10块钱，觉得价格实在太高，最终也没买，但我从心里觉得它们是美不胜收的好东西。

刚开始收藏的时候，我会去拍卖会买东西。那会儿在歌坛上有点名气了，自己不好意思去，老怕人家质疑我这一跨界收藏者的专业性。所以就老带着我们家老头儿去，别人会以为我带了位故宫的专家呢……一次，买一个清中期的条案，材质是核桃木的，非常之古朴。虽说它的木质比不上紫檀黄花梨，也不是红木，但是我觉得非常好看。它当时的标价是

5000块，我心想最好没人举牌。结果从起拍就一路6000、7000、8000往上涨，我拿着号牌不敢举了，这时，我爸用胳膊顶我，让我举到9000，但还有人举牌。那个时候破万是不得了的事，我准备放弃了，我爸看着我说："你喜不喜欢？"我说："很喜欢！"老头儿又使劲顶了我一下，我又举了起来。拍卖师"啪"一声说："你的了！"后来，我把在博物馆、拍卖会上所看到的超级美物记在心里，静静地感悟它们带给我的愉悦，开始了我的收藏生涯。

其中，翡翠是我较为钟爱的藏品之一。翡翠讲究质地、种色、巧雕……缺一不可，艺术品的收藏标准都应该围绕一个字：美。翡翠，是上天赐予人类的尤物，每一块料都独一无二，后人将智慧运用其上，就能使它成为一件艺术品，艺术的魅力就在于此。我的收藏品追求精美，而且要有很好的寓意彩头：一块种水上佳的翡翠巧雕了几只翠绿的蝙蝠，象征万福长寿。许多把玩件更是让我爱不释手，因为它们带给我笑口常开，福瑞吉祥……我去外地演

出，身上一定会带一两件，把玩着它们那可是对心
灵的一种滋养。有些外国朋友来家做客的时候，
看到我收藏的中国传统艺术品，他们惊异地说：
"蔡先生，真的没有想到，作为流行音乐的歌唱
家，我以为你家里非常时尚，屋里肯定摆着西方
的时髦家具，没想到在你家里看到的却是中国古
典家具和艺术品。"

近十几年来我专注于收藏有龙纹的官窑瓷
器，那可是最令世人仰慕的艺术珍品。因为我一
直认为中国的传统文化有着非凡的创造力、高雅
超群的审美情趣，曾经引领着这个世界走向文明。
世界上没有任何一个民族能像中华民族那样化一把泥
土为神奇！而这个神奇延续到今天，印证着中华民族了
不起的非凡魅力。作为它的子孙，我们应该把这种神奇保
护、传承下去，如果我们不知道如何传承和延续，至少应该
懂得如何去保护我们的祖先曾经为我们创造的灿烂文化。

收藏，就是文化；收藏，就是大美。我不认为财力是收藏的唯
一条件。人这一辈子只要懂得了热爱，也就懂得了收藏的奥妙。有位收藏
大家曾说过："你看在眼里，记在心里的，就是自己的。"

前言

源起龙纹

经常有人问我为什么喜欢收藏龙纹？其实，我的收藏之路从一开始，就像很多收藏家一样属于杂家，看什么好，就收下来。直到真正入行之后，陆续碰到一些朋友，他们都会给我建议。遇到胡瑞泽先生后，他告诉我世上真正的好收藏家，用来证明自己收藏的历程，都会收藏一个专项。如有的收藏家只收明清字画，有的收青铜器，或者玉器……收藏一事本就浩如烟海，无论财力精力乃至学识都有限，要想海纳百川、一一收集是做不到的。经他一提醒，我决定涉猎一个主题。

此后在拍卖会上我就很留心，我发现最中国、最耀眼的图腾，就是代表中国皇权的龙纹，让人感觉充满力量。某种意义上讲，所有中国人都是龙的子孙。"龙"甚至成为中国人强盛的图腾。而在我心中，"龙"代表了我一直渴求的勇敢和力量。

这也许跟我的成长经历有关。从小，我就是个很自卑的人。"文革"后期，我的父母被送到五七干校，家里被抄的那一刻，成了我自卑的开始。生活的巨大落差带给我非常大的压力。我记得在那之前，别家的小朋友都没见过钢琴的样子，我就已经开始摸钢琴了。那时并不是为了去弹琴，而是因为钢琴上放着诱人的巧克力。当时是20世纪60年代中后期，中央歌剧舞剧院会给演员发补助，父亲也会得到一些巧克力糖等营养品。父亲习惯把巧克力摆在钢琴上，是为了让我多弹一会儿钢琴。但后来母亲被打成反革命，父亲受到了牵连，全家被抄个精光。我回家的时候，钢琴、巧克力这些曾经我生活中的物件，全都没了。家徒四壁，连桌椅都被收缴了。小炕桌变成我们家的大餐桌，我们不得不坐在小马扎上吃饭。所以马未都老师后来谈起"马扎"的历史时，我就回想起儿时那马扎带给我的痛苦回忆，那是一段艰辛灰暗的岁月。

当我有经济实力之后，"龙"对我格外有吸引力，因为它象征着一种力量，一种勇气。从此"龙"

就成为我收藏的主题。我曾经说过一句话，被很多歌迷转发，"纵观这个星球，上下五千年，没有一个民族能像我们的祖先一样，能像中华民族一样，把一把泥土化作神奇"。在中国文化中，"龙"占据着重要的地位，从距今7000多年的新石器时代，先民们对原始龙的图腾崇拜，到今天人们仍然多以带有"龙"字的成语或典故来形容生活中的美好事物，足见"龙"在人们心目中的影响力。

上下数千年，"龙"已渗透到了中国社会的各个层面，形成一种文化的凝聚和积淀。所以龙纹出现非常早，它跟随着"龙"在人们心中的形象逐步演变得清晰、深沉，并大量广泛地出现在我国的玉器、石器、铜器、漆器、绘画、瓷器等几乎所有的器物上。龙纹从瓷器诞生就出现在了瓷器上，历代帝王都以"真龙天子"自居，随着历史的变迁，演绎出不少"龙"的造型和纹饰，元明清时期，统治者在景德镇建立御窑厂烧制宫内日用瓷，在这些瓷器的纹饰中，用以代表皇家身份的龙纹分为角龙、应龙、夔龙、蟠龙以及秃尾龙等数种，琳琅满目。

在中国历史上，王权的取得和巩固与"龙"有密切的关系。实际上，在中国，"龙"的象征意义远远超出习俗，它影响到中国的建筑、雕塑、绘画、书法、文学等很多方面，成为中国传统文化中不可分割的部分，并且影响到与中国地缘相近的东南亚国家和地区。特别是随着华人华侨在全球范围内的迁徙流动，"龙"的概念和美学意义也传播到世界各地。

因此，我将绘有龙纹的瓷器作为我的主题收藏。每当我买回一个绘有龙纹的瓷器时，就想到几百年前，工匠在景德镇怎样将它烧制成这么唯美的，只有皇家能拥有的物件，流传了两三百年放在我的手里。看着它们，仿佛能感受到历史的长卷在自己面前慢慢延展开来；拥有它们，哪怕拥有它们一刻，内心都能强烈感受到中华民族古老文明的璀璨。

精致与审美

清雍正	官窑青花矾红云龙纹盘	(一对)

这对清代雍正时期的官窑青花矾红云龙纹盘，为浴砚书屋款，我用了十年时间才把它们配成对儿，这真是缘分，也是福分。

"浴砚书屋"为清代雍正、乾隆时期赫赫有名的堂名款，经查为圆明园雍、乾两位皇帝的御书房，凡是印有它的器物都是珍稀品。堂名款，也就是在定制的瓷器上模印上堂名、斋名的名字，而堂名、斋名一般是文人士大夫的居室之名，这种风气在清代尤为盛行。据《清人室名别称字索引》一书记载，当时有据可查的斋名、室名有数千个。清代帝王也常将自己居住的地方冠以书斋、堂名，以明其志、抒其怀。这种堂名、斋名之风在瓷器上也有所表现。清人许之衡《饮流斋说瓷》一书中说："瓷款之堂名、斋名者，大抵皆用楷书，制品之人有四类，一为帝王，一为亲贵，一为名士而达官者，一为雅匠良工也。"其书又云："称堂、称斋者，亲王、亲贵、达官、名匠皆有之，若称书屋、山房者，称珍藏、珍玩、雅制、雅玩者，亲王达官有之，而帝王无是也，故此类款，概谓之称家款。"据耿宝昌先生在《明清瓷器鉴定》一书中对清代瓷器的不完全统计，属于堂名款一类的瓷器有250多种，但是在这些堂名款瓷器中，哪些属于帝王专用之瓷，文献中很少记载。"浴砚书屋"却在此间有据可查。

这本书出版的时候，这对盘子已经以一个"闪亮"的价格被别人买走了。我之所以用"闪亮"这个词，一是印证了这个东西的品相和稀有，二是对它拍卖价格认可的同时也印证了我自己收藏的眼光。不过，这也让我再次证实了一个无法忽视却显得落入俗套的问题：艺术品的超值回报。

曾经有人问我，既然用了十年时间才配成这对盘子，而我本人又对雍正王朝欣赏有加，怎么会舍得拿去拍卖？其实说来很有意思，我是真没舍得。故此在拍卖之前，我就给它定了一个不可能成交的价格，没想到拍场竟然出现"意外"——成交了！

我的动机本来只是让它走个秀，在场上亮一下相而已。拍卖前，我分析了半天，觉得拟定的价位应该不会成交。但是恰恰就成交了，不能不说这是一个失误，换个角度看，再好的东西，甚至是马未都老师的观复博物馆，他说最终不会交给他的儿子，而是交给国家、社会。如今的观复博物馆已经变成理事会制，大家一起经营，同时向公众开放，成了一个学习交流的地方。所以我觉得很多东西并不能说永远归为己有，人总是需要传承，无论是精神还是物质，要么有一天做赠予，要么有一天转给基金会，甚至有一天捐赠给私人博物馆。随着这些可能性的发生，人的精神境界也会随之变化。至于这对我钟爱的浴砚书屋款青花矾红云龙纹盘，虽然和它的分别看上去是自己判断的失误，可回望一下，以一个不可能的价格成交，也同时说明这件藏品的价值被市场认可，被其他收藏家认可。

谈到拍卖会，很多读者不太了解。其实它的运作很有些门道。比如一件藏品，其真正成交的价格是100万，但在拍卖图录上不可能印80万～100万，而可能印30万～40万，因为价位太高，很可能会把有80万～100万购买力的人吓跑。再比如一幅名人的画作，真正给拍卖行的内部文件写的是不到50万不成交，但拍卖图录上有时为了吸引买家，就只会写8万～10万，于是一些外行人就以为我举到8万这东西就是我的了。所以8万～10万只是一个吸引人目光的起拍价，而不是底价，因为底价是50万。这个道理，真正的行家都知道的。起拍价低甚至无底价起拍，只是为了让更多的人去竞价。如果价格写得太满，买家们就没有了竞拍的乐趣，和唱戏一样，一开场就起不了范儿了。因为有底价的约束，如果现场只拍到49万，拍卖公司就会收回。

这对矾红云龙纹盘我认为是雍正朝浴砚书屋这个款中最精美的一对盘子。虽然看似是在一个不可能的价位上成交，但是我想告诉那个藏家，这个价位从落锤之时就已经代表过去了，未来还有新的价格。因为我用了十年的时间收藏，时间也印证了它的价值，印证了它的美。

关于清代帝王的堂名款瓷器，《饮流斋说瓷》一书有少量论述，其曰："乾隆有彩华、彩秀二堂，皆内府物也；雍正为东园、文石山房；雍乾间为红荔山房；乾隆为友棠浴砚书屋、瑶华道人；道光为十砚斋。"但是《饮流斋说瓷》中的这些记载究竟依据的材料是什么？他所记载的堂室是否确有出处？这些堂室是否均为帝王所有？就

后来被研究者所掌握的资料看，帝王的堂名往往与帝王的活动范围有关，其中大部分应在紫禁城中或圆明园、承德避暑山庄等地行宫内。而这对盘子，就出自圆明园。

我本人特别喜欢青花矾红云龙纹的东西。我有一件康熙的五彩龙凤纹大盘，第一眼看上去觉得花里胡哨，可我仍然觉得只有康熙朝能够做出这种东西来。仔细端详，它浓烈的色泽，凸显了草原民族的粗犷，在几百年前，那五彩其实就是康熙朝的五彩，而此后的朝代却再也没有了。从顺治朝入关到康熙，才短短几十年的时间，满人带着他们与生俱来的草原文化融入汉文化的腹地初期，只有他们才敢使用如此浓烈的色彩。经历过康熙的鼎盛，清朝的皇帝们慢慢被汉文化所吸引，他们身上的游牧性格也变得优雅起来，与其说是被同化，不如说是交融和稀释。谈到中原文化，其实在宋朝就已经达到顶峰，宋朝的瓷器没有过多的色泽，全是素雅的，单色调的，蓝、灰、青釉。此后明朝家具的极简之风，都是中原雅文化的佐证。宋和明是汉文化"雅"的巅峰，是一种高级的美感。虽然清朝还没有离开繁花似锦的那种东西，还没达到明朝的"雅"的境界。而当雍正不再使用五彩，雍正的瓷器开始体现中原传统瓷器所呈现的精致和审美时，这对青花矾红云龙纹盘就是那时的珍品。

有些东西失去了才会更加珍惜，这对盘子从一个人的手里流转到另一个人的手里，遗憾是必然的。但如果以一个收藏家的角度想，它既然被另一个热爱它的人继续珍藏，我就应该觉得很安心。

虽然多少年也不会再在市场上出现这款东西了，虽然我依然会回想那对盘子上描画的青花和祥云，但我永远记住一位收藏大家说的话："你看在眼里的，记在心里的，就是自己的。"

在出这本书的时候，尽管这对浴砚书屋款青花矾红云龙纹盘已经不属于我了，但它好像一直都在我身边，因为，它在我的心里。传承的意义，有些时候并不局限在物质上，而是在血脉里。

慧心独具

清乾隆	官窑青花鱼化龙纹高足盘

　　有一个趣闻，我在纽约佳士得拍卖会上买过一件年代有问题的瓷器，随后退回去了。此后，没过半年春拍又开始了，还是同样的公司，同样也是在纽约。我当时这么想，在他们那里买过一件有问题的东西，但他们讲诚信又把钱退还给我了，我觉得这些钱依然要花在这家公司上，这叫信任。

　　这件清乾隆官窑青花鱼化龙纹高足盘就是我在这次春拍上的战利品。青花鱼化龙纹高足盘算是常见器，标价十分诱人。按理说应该上万美元，但"清乾隆"年份的东西才标了1000~2000美元。这自然是拍卖会的一个策略，就是为了让很多人产生一种"万一我便宜买到了呢"的心态。这样一来，无论是行家还是外行，都会奔着这个价钱去参加拍卖。实际上，人被吸引过去了，提升了拍卖会的人气，但图便宜的人一定买不到的。既然是好东西，一定是不便宜的。拍卖公司利用的就是这个人性的弱点。果不其然，虽然这件高足盘以极其低的价格起步，最后还是按照市场价格成交的，大概有上万美元。

　　其实，我算是个心软的买家，下手不狠。在拍卖场，我也错失过很多好东西。话说某年，佳士得拍卖公司把图录寄给了我。那次是一个专场拍卖会，拍品是一个英国

勝賞

智積 功師

清乾隆 官窯青花魚化龍紋高足盤

贵族收藏的一批圆明园的东西。有一对瓷器叫"贲巴瓶"。"贲巴"为藏语"瓶"的意思。贲巴壶有流嘴，但无执柄，使用时手握壶颈，若贲巴壶省去流嘴，便称贲巴瓶。贲巴壶是用于佛事活动时贮水用的净水壶。这次拍卖会上，一件是完好的，另一件有伤，瓶子上绘的是乾隆朝粉色的龙纹。因为我是电话委托英国的朋友，北京跟伦敦有时差，电话打过来时我正在做节目，没几分钟通话时间。当时我的朋友告诉我，这个东西真实无误，因为出身、来路都很清楚。他建议我把这对买下来。虽然一个完好一个有伤，但"总有一天，这个好的升值了，那个有裂纹的就像白得来的，就算你把那个有伤的卖出去，都能把这钱给挣回来"。贲巴瓶是立件，是真正的陈设器，古玩收藏讲究收藏立件，摆在那里才是高级。可这时我的节目就要开录了，电话那头价格喊到40万的时候，我已经开始着急了，这边喊着"蔡国庆，该上场了，该你了"，我只好对英国委托的朋友说："哎哟，我来不及了，来不及了。"接着录节目去了。结果就错失了这个贲巴瓶。最后它的成交价是60万，到前年，这对贲巴瓶卖出了将近二十倍的价钱。

　　真实发生在我身上的事，只是一念之差。如果不做那个节目，而是参加那次拍卖会；如果价格超出了预期，只要东西好，只要我狠狠心，把自己买汽车的钱也拿出来，我也能付得起。事隔十年之后，以令人惊叹的价格成交，撇开金钱的价值，仅仅是对眼力的肯定都是值得的。十几年前，我没那么大的胆量，但我已经出到可观的价位了，只是一步之遥。回顾这段经历的时候，我觉得这是我人生中的一个转折点。

　　正是因为发生过这样的事，这几年我步子迈得有点大，敢于把价钱举上去，这也是我心理成熟和进步的表现。更重要的是，如果这是好东西，就应该下手狠，在拍卖会上这点尤其适用。这点就跟追女孩子一样，有时会觉得老后悔了，当时干吗跟自己那么较劲呢？稍微干脆一些就追到了。古玩也是这样，该下手狠的时候，一定要下手狠，倾其所有也要把美女追到手，然后你一生就会富足了。而这个"女人"也许有一天会给你带来最大最美好的回报。

言归正传，此类高足盘的造型创烧于康熙年间，是在明代的高足豆和高足碗的基础上，借鉴商、周时期青铜豆形制组合而成的。盘子的造型十分规整，胎骨坚硬，釉质也很润泽，构图疏密得当。青花深翠略带晕散，浓淡有致，继承了康熙青花的绘画风格，突破了传统平涂的单调，将青花色料如水墨画中的墨般运用，虽然只有青花一色，却充分表现出远近疏密，使青花五彩缤纷，充分体现了清代盛世御窑瓷器的美学思想。同时这件高足盘绘画的鱼龙变化纹样一般多出现在康熙早期御制于青花鱼化龙折沿洗上，至乾隆朝才被沿用于仿青铜器的高足盘之中。仔细观察，工匠选择绘鱼龙变化纹样还并非随意而为，高足盘特殊的造型，对纹饰选择还颇有局限，而此盘口沿外饰贯套纹，高足鱼龙变化纹样，一条五爪祥龙昂首盘旋于海天之间，一条鲤鱼甩尾跃出水面与之呼应，竟然纹饰与器形无比契合，可见工匠独具慧心。

"鱼化龙"又称"鲤鱼跳龙门"，是中国古代传统纹样之一。据《三秦记》记载："龙门山，在河东界，禹凿山断门一里馀，黄河自中流下，两岸不通车马，每见春季有黄鲤鱼，自海及诸川来赴之。一岁中不过七十二。初登龙门，即有云雨随之，天火自后烧其尾，乃化为龙。"此纹样在古代常常隐喻金榜题名，独占鳌头之意，在《封氏闻见记》卷二："故当代以进士登科为登龙门。"而李白《与韩荆州书》："一登龙门，则声价十倍。"(参阅：《苏州博物馆藏瓷器》，文物出版社，2009年，第175页)

至于它的功用？我猜一定是放瓜子、花生的。在我们家，还真动用过一次。我妈过七十大寿，我把寿桃都摆放在盘子上。我妈不知道，看着这个盘子说："现在这盘子做得这么好看了。"我连声说："对！对！对！"我妈要知道这是古董的话，估计桃子都不敢拿了。接下来我爸该过八十大寿了，我准备再启用一次。想想那个年代的皇宫瓷器真是很美的，是高高在上托举的感觉，这才是"贡"。明清的很多官窑瓷器，哪怕是日用品，都蕴含着一种"向上"的感觉，它让你挺立起来，充满着尊崇，所以我给我爸我妈用，非常值！

残器之美

清雍正	官窑仿宣窑青花云龙纹大天球瓶

　　拍卖会结束了，我抱着刚刚拍得的大天球瓶，随人群陆续退场。突然感觉被人一把搂住了，回头一看，原来是王刚老师。他说："原来是你这小子跟我比着举呢？！"我这才知道前面坐着的，跟我争相举牌的是王刚老师。

　　这件天球瓶其实为残件，颈部以上已失，腹部以青花绘行龙赶珠纹，龙纹凶猛，姿态矫健，穿行于祥云之间，原为香港导演李翰祥先生的旧藏。此瓶虽为残件，我却以为最是珍贵。天球瓶创烧于明代永乐、宣德时期，是用于陈设的观赏器，其中又以绘画海水龙纹的最为珍稀。目前藏于北京故宫博物院和台北故宫博物院两处的均为永乐时期的作品。这种青花龙纹的天球瓶堪称永宣时期的名品佳作，冠绝古今，深得清康、雍、乾三代帝王的青睐和推崇。清雍正、乾隆两朝时值盛世，仿古风盛行，更是对仿制这种天球瓶不遗余力。而雍正时期的仿品无论从青花发色上，还是

清雍正 官窯仿宣窯青花雲龍紋大天球瓶

龙纹的神韵上都与前朝可较高下，几近完美地呈现了永宣时期粗犷磅礴的气质。而现藏于南京博物馆的一件雍正青花云龙纹天球瓶，绘画风格与此瓶十分相近。此瓶虽残犹珍，瓷器之美不仅来源其玲珑奇巧的造型、绚烂美丽的釉色，更源于它所蕴含的一个时代的精神与美感，无论是永宣青花龙纹天球瓶，还是这个残的天球瓶，它们体现的都是一代代帝王对美的不懈努力和追求。

　　早期我对收藏有一个很大的偏见，认为对于艺术品而言，一旦有所损坏，就成了残器，也就没有收藏的价值了。其实这种观念是错误的。如今为了这个天球瓶残器，我还把王刚老师给"得罪"了。按理说这是一件不值当的事，为了一件残器。但也由此可见那件艺术品的魅力，即使它残缺了。

　　说到这里，就要先介绍一下天球瓶了。天球瓶是我国古代装饰、观赏用瓶的一种，腹圆硕大、小口、直颈是其主要特征。很多专家都认为天球瓶是受西亚文化影响极深的一种瓷器造型，更确切地说，是受西亚铜器的造型影响。这让天球瓶的外表里多了几分异域的情调。明永乐年间为天球瓶的创烧期，多出自景德镇窑，多见青花，以海水龙纹为贵。龙纹在中国古代是皇家专属，天球瓶出身官窑，且饰以龙纹，足见出身之尊贵。宣德年间为天球瓶器皿的成长期，在此期间它非常流行，但不知何故停产了一段时间。直到清康熙年间因御窑厂仿烧明宣德青花，使得天球瓶这一器型重现人间。仿造的天球瓶更属宫廷大型陈设用瓷。除了传统的青花品种外，五彩、粉彩等彩绘天球瓶也开始出现，而最为珍贵的斗彩却很少应用于天球瓶上，其主要原因在于，斗彩复杂，高难度的烧制工艺向无大器。乾隆年间国力强盛，弘历又极爱珍瓷雅器，于是天球瓶这一斗彩大器也就由景德镇御窑厂奉旨烧制出来了。当然这是后话。如果读者还记得莫言先生去瑞典时带的"北京礼物"中就有一件是雕漆天球瓶，就知道作为一种从西亚引进的瓷器制造形式，体现了不同地域文化的交流与融合，也反映了中国文化的魅力。

　　此件雍正年间的天球瓶，在这次拍卖会上是从500元起拍的，就因为其肩部以上已失，仅留下瓶腹，状若圆球。看过电视剧《雍正王朝》的人都知道雍正是个工作狂，以勤勉著名，但他并不广为人知的是对艺术完美的苛求。在瓷器的督造上，雍正皇帝更像一位艺术家，从样式到花纹，他都亲自审稿、批阅，因此在收藏圈里大家都

公认雍正朝的瓷器在中国的明清官窑瓷器当中达到了一种极致。那种秀美，那种雅气，跟康乾又都不一样了，雍正官窑的瓷器在收藏家的眼里比自己的老婆还漂亮。我当时没看出它到底哪里好，就是图一个便宜，这么一个大天球瓶，脖子又断了，买回去养鱼也不错。在拍卖现场，我坐在后面，王刚老师坐在前面，但我当时并不知道。拍卖师一说，这个雍正的天球瓶残器开始拍，场上的牌子立刻举得上下不停，几百块钱的标价瞬间就到了几千，接着就上万了。举到最后我就越觉得，有这么多人在举，从一个很便宜的价钱举到高价位，应该说明了这个东西的价值，哪怕当时我没太看出来，但这个阵仗已经提供了佐证。

于是从几百块举到了4万！到最后我看见前面有一个人还在往上举着。我不知道他是谁，王刚老师也不知道我是谁。我们俩都毫不示弱，争相举牌，到最后，破了5万！可我俩还争执不下。其实破5万的时候我心里已经想：不要了，这么一个天球瓶本来只想买回去养鱼的，几百元钱拿下，5万已经太高了。但转念又觉得，5万我都举了，还在乎多举一下吗？有的时候就因为别人多举了一次，这东西就归人家了，特别是男人，更争强好胜，不想输给别人，5万、5万再上去不就是多加个1000嘛！然后51000，52000，不就再加1000嘛！一直到了56000，最后，我又举了一下，但是没有破6万，破6万那又是一个心理关口了，就看最后两人是谁先撤了。谢天谢地，他先撤了，最终天球瓶被我拍下。

拍完这件藏品之后，拍卖会上掌声响起，这东西由这么低的价钱拍到这么高，按照惯例大家都会鼓掌祝贺，那是我第一次在拍卖会上听到掌声！到目前为止，十几年过去了，只听到过那一回。

散场时，出现了开头的一幕。王刚老师有点不甘心地说："这个东西好啊！"我说："现在我也知道好了，哈哈，我要真知道是您这么喜欢，知道前面是您的话，那我就不举牌了，我小字辈，尊老爱幼，我就让您了。"王刚老师说："你别跟我来这套，你说你现在让不让给我？"我说："王老师，我刚刚抱着它，您就让我回家再抱几天之后匀给您。"结果这事一直拖到现在，不了了之。有时碰见王老师，他就会提醒我说："国庆，这个东西要想匀给别人的时候，先给王老师，不许给别人。"

浓淡总相宜

清乾隆	官窑青花矾红云龙纹盘	(一对)

中国瓷器的精美总是让人难以想象的，瓷器品种的丰富也令人叹为观止。甚至在一类品种中，矾红彩所绘龙纹的笔触、色彩，都是有变化的。这对盘子本身画得不一样，一件淡雅，一件相对浓烈；一件龙纹身上的鱼纹网画得特别细，而另一件龙纹身上的鱼纹网则感觉矾红彩更浓重。但我之所以买它们，并不是因为上面的龙纹，而是因为碗底的款，一件是"养和堂制"款，这可是清朝皇家的名款。"养和堂"确有这个地方，位于圆明园内，建于雍正四年。另外一件款为"精进堂制"，当时这两个堂款是促使我买下的主要原因。

过去，古人将私人住所或书房名称刻、印在定烧的瓷器上，作为私人用瓷或藏瓷的标志，这类款识称为堂名款、斋名款等，内容有堂名、室名、斋名、轩名、殿名、书房名、馆名等。如"慎德堂""百花斋""彩云轩"……堂名款在宋代已经出现，明代后期形成风尚，到了清代便广为流行，其中康熙、乾隆、道光三朝使用更为普遍。可见订烧堂名款的多为皇亲、贵族、高官豪绅、文人雅士或名工巧匠。

官窑中带堂名款的瓷器大多为皇帝本人使用，用于装饰其最喜欢的书房庭院，或者为重大的事件专门烧造，其精美珍贵程度自然要高于普通官窑瓷。

"养和堂"这三个字，让我感觉到一种身心的调养和修炼，看到它，心就会静下来。这个堂款并没写年代，实际上瓷器写年代的居多，真正写堂款的少，在拍卖会上反倒是稀罕玩意。如果把有"大清乾隆年制"款的瓷器与"养和堂制"款的瓷器并列，我宁愿买"养和堂"的这款，就像皇宫里的高级定制。"养和堂制"是墨款，而"精进堂制"是我从来都没见过的青花款，烧完了是青花的颜色。当时朋友跟我讲，拍卖会上的这种堂款，已经十几年没出现过了。

　　买"精进堂"对自己也是种激励，不管是人生也好，对艺术古玩的研究也好，自己要精进，要精于勤。每次看这个堂款，我就想去摸毛笔，想去模仿它写毛笔字。我小时候练过毛笔字，但后来也慢慢地不再写了。实际上中国人学会毛笔字，就是一种优雅的生活态度。过去中国人写毛笔字就跟吃饭喝水一样，是一种日常的生活习惯和方式。但到了如今的中国，中国人拿起毛笔写字，完全像做瑜伽一样，变成一种修行和修炼。我们一直在急匆匆地赶路，金钱推着我们跑，工作推着我们跑，所以当看到"养和堂"这样的堂款时，我觉得我应该止住脚步，应该慢下来。我应该回家重新拿起毛笔，去练写"养和堂"，作为自己的一种修行。

　　对我来说，收藏古玩，收藏艺术品，不是为了求得投资的回报，而是在不断地学习中国的历史，也是学习古人的生活态度，这才是目的所在。在我眼中，它们是艺术品，是文化，更是修身养性的境界。所以"养和堂""精进堂"这两个堂款，能带给我心灵的反思，这也是它们另一种价值的体现。

"打马虎眼"也是因为爱

清同治	官窑青花留白龙纹碗

收藏瓷器讲究品种丰富，成双成对，讲究朝代的顺序，就像我的三个碗：道光、光绪、同治……即使不能收藏成双成对的，同一种品类比如青花，也可以顺着朝代的更迭排序。

这种思路是我早就思量好的，按朝代买，都是青花，或者都买釉里红。如果后面再找到一个宣统期的，那清王朝后四代的就都齐了，接着我再去寻找前面四个朝代的。但这个愿望迄今为止没有完成，收藏需要时间，需要参加各种拍卖会，跟各个收藏家交流，需要缘分，和谈恋爱一样。

这三个龙纹碗里面最难找到的是同治青花留白龙纹碗，别看它小，但因为同治时期的精品少，所以收藏难度很大。青花留白是一种用釉下青花表现出蓝地白花纹饰或图案的一种方法。它与普通的青花瓷器制作工艺完全相同，只不过纹饰的表现色彩正好相反，在普通的青花器上白色为地，蓝色为花；而青花留白瓷器上是蓝色为地，白色为花。这种工艺使窑工在纹饰填绘上颇费工时，同时对青花色料消耗也比较大，因此这品种的青花瓷器产量较少。而同治时期又是清代瓷器走下坡路的时候，此时景德镇御窑厂的生产较前时更趋萎缩。从同治十三年（1874）江西巡抚刘坤的奏折中

清同治 官窯青花囦白龍紋碗

便可看出，奏折中说："咸丰时官窑厂被毁，同治时因兵变之后，从前各匠类皆流散，现在工匠俱后学新手，造作法度诸多失传……"在如此窘迫的环境下，瓷器的工艺水平大跌，粗糙简陋的占大多数。而这件青花留白龙纹碗，做工较为精致，绘画也颇费心力，而且在烧制上耗费大量色料，形成在当时的环境之下，实属不易。我收藏这个碗迄今有十年的时间了。

这几个龙纹碗都是在拍卖会上拍得的。以我的经验来看，中国的拍卖市场越来越展现实力，虽然仍然有泡沫。这十几年中国的拍卖公司如雨后春笋般冒出来，经过时间和市场的考验，大浪淘沙，留下的都是精品公司，百年老店才意味着公信力。所以对艺术品收藏爱好者来说，无论是从收藏角度还是投资角度，一定要信奉百年老店，因为它自有成功的道理。不过在百年老店里，也会出现纰漏，出现不靠谱的东西，也许就被你买走了。所以收藏方面的学习是一辈子的事，要不断地持续地学习，提高眼光、悟性，这些都是要伴随你的收藏不断成长修炼的。

十年前我曾经遇到一件事，在拍卖公司买到过看似"开门"实则"不开门"的东西（开门：一眼看上去没有问题的真品；不开门：东西不对。古玩界忌讳说"真""假"二字，一般说开门与否），这个公司很有名——美国佳士得。但一般拍卖公司不会承认是假，只承认年代有误，也是为了维护公司名誉。标着年代为"大明万历"的东西，实际上应该是民国仿制的。既然发现了年代的问题，佳士得作为百年老店，又认为我是重要的客人，就允许我退货了。之所以会"打马虎眼"，是因为藏品的设计太新颖独特了。因为见过太多官窑瓷器，那件瓷器除了上面画着龙之外，中间还画了菱形的窗花。因为是在美国拍卖，我不可能亲自去看，就只以发来的图录为准，于是就被误导了。我以为仿制的话只会仿制市面常见的，而不会仿造这种没有过的式样。瓷器拿回国内后，给几个朋友看，有朋友觉出不对，说大明万历时期不可能有这样的图案，虽然上面的龙纹画得极像，但就是菱形窗花露馅了，朋友都认为那个年代不该这么画，即便稀有到全中国就这么一只碗，也不对劲，因为没有历史的考证。我记得曾拿给王刚老师看，王刚老师当时做了一个演戏的动作，"哐当"一下就捂在胸口上了，说："国庆，听我一句话，再别给别人看了。"我当时特兴奋，以为自己买了一个绝品，捡了个"漏"。我说："王老师，我太厉害了，我捡漏了吧，买了个特别稀罕的宝贝。"王老师说："你再说的话我就把两手撒开，让它摔得响亮点。"我立刻就明白他的意思了，这东西确实是件不靠谱的"官窑"。

后来赶上一次去美国演出的机会，我带上这只碗，把它送回美国。佳士得公司对瓷器的真假不表态，但表示这件东西可以留在那里，他们的专家去核实。半年之后竟然真的给退了。佳士得这样的公司会考虑多种因素，比如我有良好的拍卖记录，也知道我是个潜在的客户，又知道我是个中国的名人，多种因素综合起来考虑，就把问题解决了。百年老店有它独到的经营理念和经营手段，不会因为这一万美金，损失以后可能的100万美金，那又何必呢？宁可把这一万美金退给你。这就是我在拍卖场上遇到的真实故事。

藏家的私交

清雍正	官窑黄地绿彩云龙纹碗

步入大清盛世的雍正王朝，虽仅十三年，但制瓷工艺发展到了历史上的新水平，某些品类所取得的成绩远远超过前后两朝。

此时，景德镇瓷业工人技术水平较康熙时期又有所提高，更加着重制瓷质量，精益求精，从而迅速把清代瓷业生产推向工艺精良的发展阶段。这正是康熙时期把瓷器当成鉴赏品而制作的延续，也是历史演化的必然结果。康熙时初创的一些品种，如粉彩、墨彩和珐琅彩，以及传统的斗彩和釉里红等，此时又展新貌：仿古各名窑及仿明宣、成之器，品类更为繁多，有的"参古今之式，动以新意，备储巧妙"，有的采撷宋、元、明、清以来瓷器色釉之优者予以总结，花样翻新，"更上一层楼"。

雍正帝是我最喜欢的一个皇帝。雍正时期制瓷风气之严肃认真，为随后的乾隆时期所不及。景德镇在几任得力督陶官的佐理下，集中最优秀的工匠，听命于喜爱瓷器的雍正皇帝的直接遣使，甚至一些官窑器的器型、图案、品种，也需御批审定和御出新样后方可奉命烧造，故宫博物院至今仍保存着清代宫廷画师所设计进呈的图样。这种呈审制度，开始于康熙一朝，延续至晚清时期；某些圆器和图案已成金科玉律，各朝相袭。

在我接触官窑瓷器的十几年历程中，越发对雍正皇帝多了一份热爱。我们这些20世纪60年代中后期出生的人，因为所受的教育，都认为皇上是骄横跋扈、昏庸无比的，但雍正让我改变了对中国皇帝的认识。中国历朝历代的皇帝，从小都要经历严苛的教育，清晨5点的早朝后，一天要有十几个小时的学习、训练各种技能，以备日后治理江山，做一个一国之君并不那么简单。

作为皇帝，雍正细心到每烧制一批瓷器，都要亲自下指示，瓷器的小样拿来之后都要亲自批改。因而雍正时期的瓷器以精细著称于世，历史虽短，但烧制的数量和规模甚为可观，其突出的特点是"瓷质莹洁，工艺精细；器型隽秀，典雅优美；品类繁多"。所仿宋代五大名窑及新创的釉色品种，取得空前的成就，仿古水平极高。据雍正十三年唐英撰《陶成纪事碑》所载，此时所烧制的釉彩已达57种之多，与现今所见的传世宝物相印证，能基本吻合。一个日理万机的皇帝，仍然有这样一份情趣，有这样一份对艺术的热爱，让我由衷地敬佩。

雍正这一时期的粉彩最为突出，大肆盛行，从而取代了康熙五彩的地位，成为釉上彩的主流。粉彩发展到雍正时期，技艺纯熟，色调丰富。这时的薄胎白瓷制作极精，在莹洁如雪的白釉上用没骨画法绘出浓淡相同、阴阳明暗层次清晰而富有立体感的瑰丽花纹，娇艳柔美，栩栩如生。在2007年香港佳士得的拍卖会上，一对清雍正粉彩过枝福寿双全纹碗，成交价超过了5072万港元，创下了雍正时期瓷器拍卖的纪录。之前的纪录是在2002年香港苏富比拍卖会上，清雍正粉彩蟠桃"福寿"纹橄榄瓶，成交价为4150万港元，而目前这件橄榄瓶已经由其主人张永珍捐献给了上海博物馆。雍正的瓷器在世界上就是唯美的同义词。

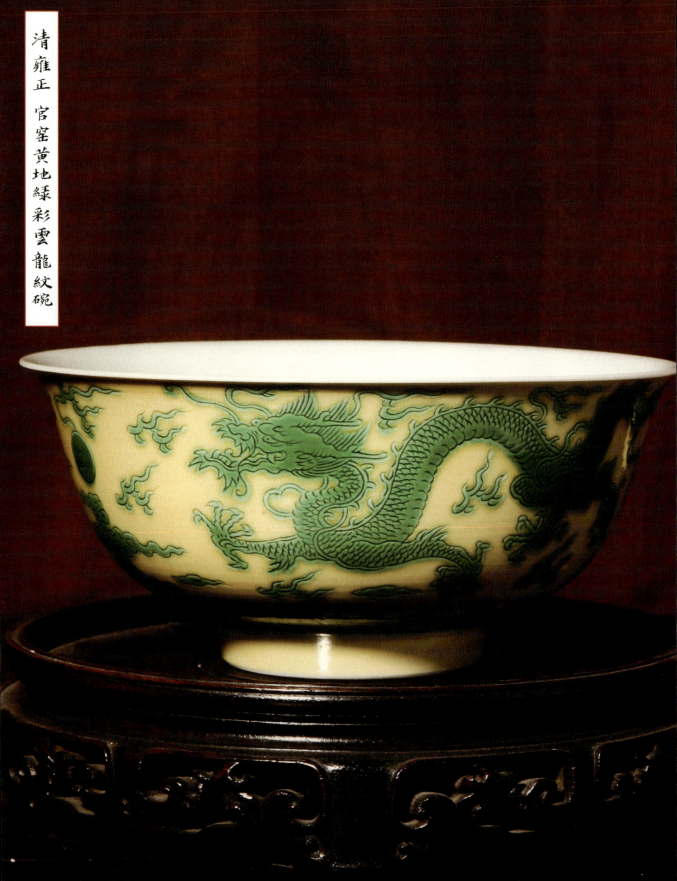

清雍正 官窯黃地綠彩雲龍紋碗

雍正粉彩不仅白地彩绘，还有各种颜色的彩绘，如珊瑚红、淡绿、酱地以及墨地等。据清宫造办处档案记载，雍正皇帝本人曾多次规定瓷器的造型、花纹图案，不仅要求烧成的瓷器各部分尺寸适度，而且重视气势和神韵，讲究轮廓线的韵律美，对于要烧造的御用瓷器必须经雍正皇帝审定，方可烧造。为此，景德镇御窑厂的督陶官根据旨意，集中了全国最优秀的制瓷工匠，不惜工本，竭尽全力地烧制，以博取皇帝的欢心，由此取得了前所未有的辉煌业绩。其中的代表如中国嘉德在2007年春拍推出的一件清雍正绿地粉彩描金镂空花卉纹香炉，在造型、烧造工艺、绘画风格上都彰显出清雍正时期皇家御用瓷器的特征，纹饰不仅具有较强的立体感，细微之处大量运用金彩，更显富丽华贵。这也难怪虽然其估价仅为60万～80万元，成交价却达到了2643.2万元。

这只雍正年间的黄地绿彩云龙纹碗是我从一个私人收藏家手里买回来的。收藏家之间也可以彼此交流、置换、买卖，私底下沟通，不见得一定要去拍卖会。不过私底下流通，一是朋友之间一定要真诚地信任，二是收藏家之间也有一份情谊在。有的东西拿到拍卖会上拍卖时，争相举牌的多了，价格就上去了，而私底下收藏家可能跟你是好朋友，大概齐说一个市场的行价，就让给你了，不再拿去竞拍。但如果有的收藏家跟你交情不深，他情愿拿到拍卖会上，价格有可能举高，也有可能举低。好东西在拍卖会上一定会举高的，但私底下的交易一定有交情的成分在其中。

留存历史的印记

清宣统	官窑黄釉刻双龙戏珠纹碗

这是清代末期的器物，但款式显得极优雅精美。

清朝宣统时期，瓷器烧造已经减少了。这件双龙戏珠纹碗烧制得如此精美，款识还写得这么规整，非常少见。我之前说过要按照朝代按照品类攒齐，有这样稀有年代的东西，就一定给它买了。

小碗通体罩黄釉，外壁暗刻双龙戏珠纹。纹饰细腻，釉色明亮。黄色历来是宫廷的御用色，是皇权的象征。据《明英宗实录》卷161记载，正统十一年(1446年)时下令"禁江西饶州府私造黄、紫、红、绿、青蓝、白地青花瓷器……首犯凌迟处死，籍其家货，丁男充军卫边，知而不告者，连坐。"其中放在第一位的就是黄釉，法典既明确又严厉。说明自明初以后，黄釉瓷被严格的规定只能使用于宫廷之中。从明代黄釉瓷开始烧制以来，黄釉瓷的品种就在匠人的创新中不断增加。明代黄釉瓷虽然已烧制得近乎完美，但黄釉瓷的品种还不是很多，黄釉瓷到了清代才有了更大的发展。清代黄釉瓷在沿袭明代黄釉的基础上，在器形、纹饰上有所创新，黄釉釉色的种类也随之增多，如本品为黄釉上暗刻龙纹，这种装饰手法就是清代黄釉瓷器中较为常见的类型。

在佳士得拍卖的时候，碗底已经有两个标签，说明它被拍卖了两次：一次是海外拍过后留下的，另一次是在嘉德拍过的。艺术品的拍卖标签是要留着的，国外证明器物身份的标识非常用心思，会标明哪年拍卖，哪里拍卖，我很佩服这点。一个标签就代表一个时代的印证，让藏品的历史感更浓重。所以我的藏品标签都完好地保留着，甭管它粘在哪里。对我来说，留存历史的印记非常重要。打个比方，有的瓷器是从北京文物公司拿出来的，上面写着：1962年，查封48号。三四十年之后，这些方块红字的标签就显得珍贵，它是50年前的证明了。任何证明藏品身份的东西都应该完好地保留，这也是一个常识。

龙年的礼物

清乾隆	铜鎏金双龙戏珠纹碗	(一对)

　　2012年，这对拍回的"金饭碗"对我而言有两个意义：一，唱歌是我的金饭碗，那是我的职业和歌唱的人生。这金饭碗是观众给的，必须得端着。二，我觉得收藏是另一个金饭碗。而这对鎏金铜铸的"金饭碗"，很多收藏界的朋友都看好它们，说龙年买对金碗是件多吉利的事啊！

　　这对金碗端到我手里了，其实无论是唱歌也好，收藏也好，我的后半生全都依靠它们了。而且这俩金碗肯定让我饿不着。歌唱与收藏都是我一辈子热爱的事，即使抛掉收藏中所谓的金钱价值，它也会带给你一生富足的精神食粮，精神上不会挨饿。因为在把玩它们的过程中能感受到这个民族的非凡智慧和追求到极致的美，感受到传统文化艺术的魅力，这就是所谓的精神上的"饕餮盛宴"。

　　这对圆碗为铜胎，通体鎏金，碗腹外壁雕刻双龙戏珠纹，双龙呈现行龙的姿态，追赶龙珠，双龙须发毕现，鬃须张扬，刻画得十分精致细腻。大碗表面的鎏金有轻微的剥落，增添了几分古物的沧

桑感。这种大尺寸鎏金
铜碗在乾隆时期十分
罕见，目前可查书籍
中，仅见台湾故宫博
物院编撰的《乾隆
皇帝的文化大业》
(2002年版，NO.1-47) 中刊
录了一对，形制与其
十分相似。值得注意的
是，大碗上所铸刻的双龙
戏珠纹，在《故宫博物院珍藏
品全集》(The Complete Collection of Treasures of the
Palcace Museum)，所刊录的照片中，一件乾隆时
期的金钟上也铸刻了样式十分相似的戏珠云龙纹，同时，
大碗上所雕刻的云龙风格与故宫中的石刻浮雕龙纹也非常
接近。此对大碗流落海外多年，一直收于欧洲藏家之手，
在20世纪60年代曾被罗马的博物馆借用展出。直至2012年
春季香港苏富比拍卖才得以回归。

　　这对金碗是我龙年特别的礼物，其实更重要的是它
带给我的心灵上的滋养。它们代表着我人生的两个金饭
碗，这是老天爷给我的恩赐。

清乾隆 銅鎏金雙龍戲珠紋碗

童年的记忆

清康熙	五彩加粉彩荷花纹大鱼缸

我时常想起小时候，四合院里，老北京午后懒洋洋的光景里，大家三三两两出来散个步，聊个天。葡萄架底下，是各家各色的大鱼缸，瓷的、陶的、泥烧的，有的摆在砖头垒起的石台上，或放在条案上，里面十几尾鱼摇曳生姿，毫不理会鱼缸之上品头论足的人。那是我童年幸福的一部分，葡萄架下的嬉戏，喂鱼吃鱼虫，小贩走街串巷的叫卖声，甚至夏日知了的嘶叫……这些时光始终在我的脑海中挥之不去。

童年的回忆执着地在我生命中留下印迹，因而我收藏的唯一一件民窑瓷器，就是养鱼的大缸，朋友送的，清朝康熙年间的五彩加粉彩荷花纹大鱼缸。康熙五彩的官窑制品我有收藏，从个人偏好上，我喜欢淡雅的色调和图案，但康熙五彩的艳丽同样吸引我。继明万历五彩之后，在康熙朝，五彩瓷算是达到了一个顶峰。《陶雅》一书中对康熙五彩的评价非常精准："康窑蓝绿皆浓厚，故曰硬彩。雍窑则浅淡而美观，有粉故也，其无粉者亦屡以他之淡汁，在诸色中推为妙品。"康熙五彩色彩丰富，红彩比明代五彩用得少，所以画面色彩沉稳、热烈而不浮躁，这成为它的鲜明特色。这个大鱼缸通体用五彩绘画，但仔细观察一下，又多处能见到粉彩的端倪，联系起雍正粉彩的成功烧造，可以推测此鱼缸可能为康熙后期之作，工匠们从五彩中开拓发展出粉

彩的初始阶段，所以瓷器上既保持着五彩的华丽凝厚之美，又可见粉彩的清新隽秀之气。在朋友家看到它的第一眼，我就想：我得用它养鱼去。四合院里的葡萄架，葡萄架下的大鱼缸，都在一瞬间闪回我的脑海中。这么多年，我一直坚持收藏带龙纹的东西，而且都是官窑制品，但在这个鱼缸面前，我完全没了原则。

古代人称这种大鱼缸为"鱼浅"，确实是用来养鱼的。超级庞大又厚重。上面的画片特别有老百姓的情趣和古朴，或开着的，或含苞待放的荷花，大大的荷叶，荷叶上还有虫子，那虫子把荷叶咬一大窟窿，还有蝴蝶、水鸭子……整个大缸的一圈都画满了。上面的荷花还颇有清初花鸟绘画大家恽寿平的风格。说起恽寿平，那可是常州画派的创始人，清朝"一代之冠"，与"四王"、吴历并称"清初六大家"。他的画一贯是清秀、明丽的，取代了院体花鸟原有的浓艳富丽，大受清代统治阶层的欣赏，很快成为清代院体花鸟的正宗，同时也博得了众多的皇族和一般百姓的爱好，一时蔚然成风，在瓷器绘画之上也可见其风格。

据说清代绘瓷讲究"图必有意，意必吉祥"，在鱼缸上绘画莲叶荷花，荷花与缸中游鱼相合，寓意"和和美美，连年有余"之美意，足见工匠之慧心。从这些画片中，能感受到老百姓特别爽朗质朴、没有任何讲究的真实生活，也能想起我在四合院里的童年时光。记得我家养的都是大泡眼的金鱼，叫鹤顶红。当年爷爷奶奶还给鱼缸盖了网子，怕院子里的猫蹿上去拿小爪去捞里面的鱼。说实话，官窑瓷器唯美又光彩，而民窑瓷器却显古风纯朴。这些细碎的小情感击中了我，我一人硬是把它抱回了家。这是我家唯一没有包装的东西，因为个头实在太大，厚重的程度超出我的想象，很难为它量身定做一个承重得起的大箱子。

搬回家后，我把它摆在客厅一个很显眼的位置。到目前为止，我还没用它养鱼，总觉得舍不得。这样一个硕大的东西，能保留到现在，是件很不容易的事。小的瓷器，战乱的时候卷个包袱卷就可以带走；散落在老百姓家的大的瓷器，保存至今又多了一份辛苦。大多数像它一样的器物，想必兵荒马乱的时候，或者被丢弃在哪里自生自灭，或者已经被打碎了。如今看它，还觉得多了一份历史的沧桑感。我现在慢慢觉得，无论是官窑的唯美，还是民窑的那种朴素纯正，只要能带来情感上的回忆和共鸣，都会在我的心灵中找到摆放它们的位置，让我不断地调动内心那份情感。每一个情感位置，都让我闭上眼就能欣赏到它的美丽。

打那以后，很多不懂收藏的朋友来访时，都自觉发现了这件宝物。他们对精致的官窑瓷器一脸不解和困惑："没什么呀，怎么啦？怎么就这么贵，这么一碗，能干吗啊？"但只要一看到那大鱼缸，立刻说："哎哟！这可值钱。你家这东西最贵了。"我只能一边默默地笑着，一边说："对！对！最贵的就是它了。拿套房子我都不换，因为它是养'金'鱼的！"

繁花似锦

清康熙	御窑青花五彩龙凤牡丹纹盘

　　这件青花五彩龙凤牡丹纹盘属于清代的铺宫瓷。在清代官窑烧制瓷中，铺宫瓷也最为常见，这类瓷器的花纹样式、釉料颜色，甚至器型都有严格的规定，同时它们又是皇宫用瓷中主要的组成部分，也是现代收藏中常见、主流收藏的官窑瓷器品种。

　　康熙五彩是清代瓷器中的名品之一，在民国许之衡的《饮流斋说瓷》中就说到"硬彩华贵而凝，粉彩艳丽而逸，青花幽靓而雅洁。硬彩、青花均以康熙为极轨。"这里的"硬彩"指的就是五彩，在民国以前，古人因为康熙五彩的彩釉浓厚坚硬以至于彩釉部分微微凸起而形象地将这种彩称为"硬彩"，并将颜色柔和，平坦附着于瓷器上的粉彩称为"软彩"。而这里所介绍的这件盘子融合了康熙最为世人称道的五彩与青花，更能代表康熙彩瓷的工艺水平。窑工们将釉下青花与釉上五彩烧制于一体，让两者交相辉映，完美地将五彩的华丽凝重与青花的幽兰高洁结合，使整个盘子看起来端庄周正，高贵而不失秀雅。盘子通体都以龙凤穿花为主题绘画，构图繁密严谨，纹饰将盘子内外壁都填满，显得雍容华贵，花团锦簇。加之所绘龙凤寓意吉祥，龙凤呈祥与牡丹的春意盎然充分展现着大清帝国繁华盛世的美好开端。这件盘子制于康熙中期，属御窑之器，与同时期的名品大婚碗在工艺、构图都非常相似，可以推测其同

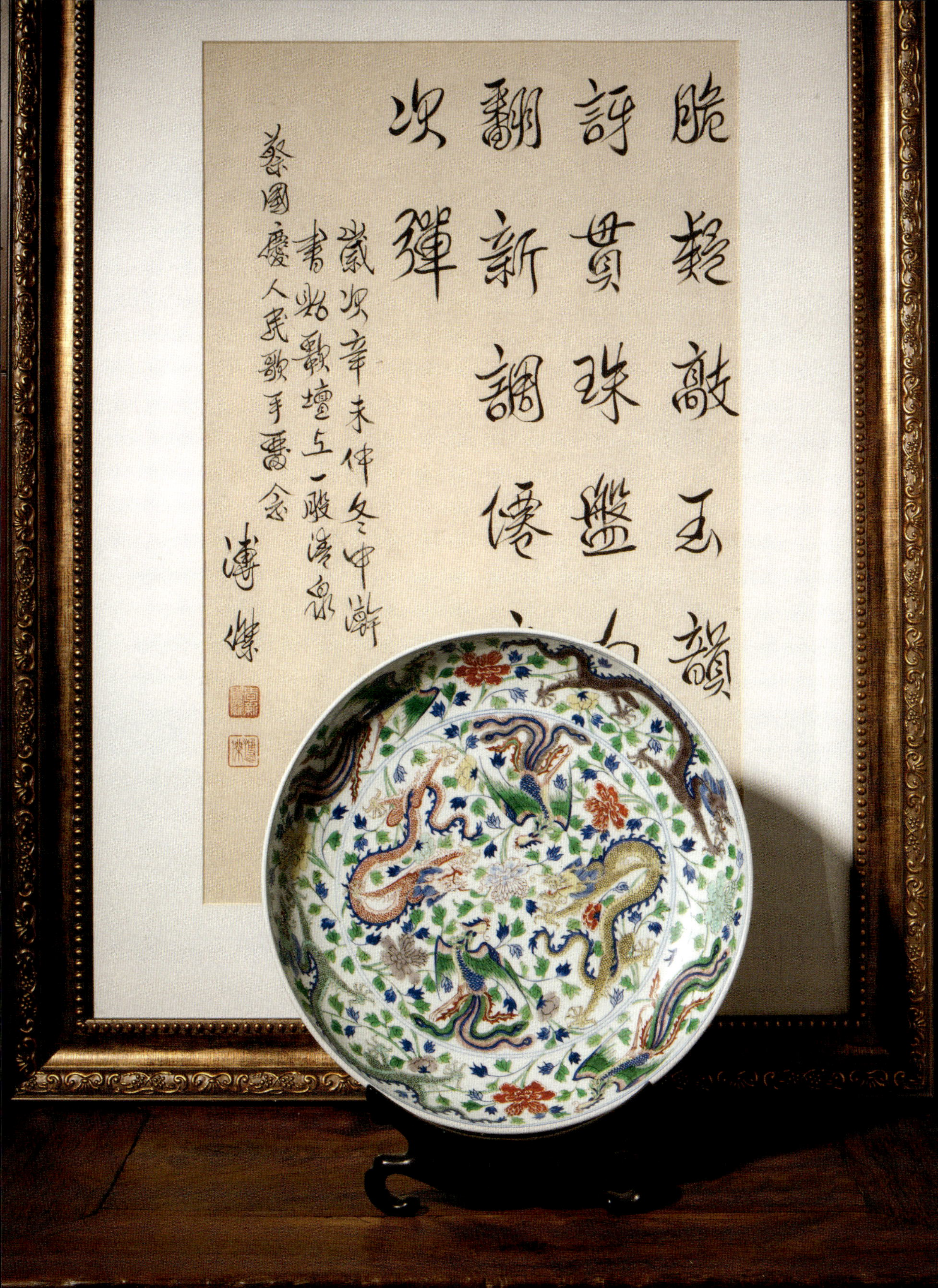

清康熙　御窰青花五彩龍鳳牡丹紋盤

为大婚定烧用瓷，为康熙御窑制作的成熟期的作品。这种青花五彩龙凤穿牡丹盘许多海内外重要公私收藏机构都有典藏。在20世纪90年代深受日本收藏家的青睐。香港徐氏艺术馆亦有同类藏品。（参阅：《故宫博物院藏文物珍品大系——五彩·斗彩》，上海科学技术出版社，2007年，第145页；《徐氏艺术馆》，徐氏艺术馆，1995年，第98页）

关于康熙五彩，还有个故事。早年间，琉璃厂古玩店九龙斋隔壁有一座上五间下五间的楼房，解放前是个茶馆，来这里喝茶的一般都是打鼓的，打鼓的买来货物之后就到茶馆聚会；琉璃厂古玩铺掌柜就在这里抓货，见好的就买，天长日久，自然就形成了这样一个交易场所，如此一来茶馆的生意就很兴隆。说是有一个打鼓的在椿树九条里买了点东西，来到茶馆与掌柜的说："我这儿有个茶壶，20元钱卖给你，你多少不拘也能赚个一二十元钱。"掌柜的看了这茶壶说："你这茶壶没有把儿。"打鼓的说："若有把儿，这把壶值200元钱。"掌柜的要给15元，讨了半天价，18元谈妥，打鼓的说："你先甭给我钱，等卖了茶壶后再给我钱。"

这是一把名贵的壶，叫康熙五彩，全国只有两把，因为没有把儿，掌柜的十分惋惜。琉璃厂古玩店掌柜来茶馆见了这个壶，瞅了半天，问茶馆掌柜卖多少钱，茶馆掌柜说："我花180元钱买的这把壶，如果有壶把，值2000元。"最后一商量，古玩店掌柜出200元钱把壶买下了。买下壶后，两人又左端详右端详，这时又来了一位古玩商，问壶的价钱，古玩店掌柜的说："卖2000，少一个子儿不卖。"这买主瞅了半天，又讨价半天，卖主说："这壶若有把儿卖2万元。没有把儿才卖2000。"商量到最后，买主花二千元买下了这把壶，后来这把壶被故宫博物院以7000元买下了，还给它安了一个赤金壶把儿。这是一件国宝，目前还收藏在故宫博物院。

由此可见康熙五彩的珍贵。从某种意义上说，清康熙时的五彩是真正意义上的五彩瓷。为什么这样说呢？因为明代五彩，如不使用釉下青花，实际上就是釉上红彩、绿彩、黄彩等；而康熙五彩的最大特点是运用了釉上蓝彩和黑彩，形成了红、绿、黄、黑、赭、蓝等多种颜色的搭配和运用。由于有了深色调的蓝和黑，使得康熙五彩的色彩对比更加和谐、沉稳。康熙时蓝彩烧成后的色调，其深艳程度超过了青花，而黑彩又有黑漆般的光泽。康熙五彩所用的颜色比明代大大增多，因此康熙五彩比明代单纯的釉上五彩更显得娇艳动人。康熙五彩瓷光艳照人，很重要的一点是在烧成上。

釉上彩是在彩炉中低温烧成的，火候的把握十分重要，温度过高，有些釉上颜色会流动或损失，炉温太低则彩料的光泽不足。康熙五彩一般都色彩鲜艳，光泽明亮。

造型方面康熙五彩选择的瓷料精细，拉坯修坯端正细微，一丝不苟，坯体接口不留痕迹，这一点和明代不同；瓷胎是经过精心修坯的，但造型气势不失，仍留有古拙、凝重、质朴的感觉，这一点与清后期造型过于雕琢、轻薄之风亦不相同。康熙时无论官窑还是民窑，瓷器造型都很规矩严谨、古朴端庄，这和原料制备、制坯成型等工艺技巧的纯熟密不可分。

康熙五彩的装饰性极强，但开始时我并不喜欢，因为我一直在专门收藏龙纹瓷器。一个朋友劝我说，有的瓷器上又有龙，又有凤，这也是官窑瓷器上很著名的品种，要是都只要龙不要凤，也不完美。有的东西龙凤都有，这东西又是康熙朝开创的名品，还是要收藏。但我那时头脑还是太简单，没往心里去，这东西是我收藏的唯一一件龙凤纹样都在一个器物上的作品。

买来之后，以我当时的眼光，我只认为单色的青花最高级，五彩的东西当时我觉得俗；但时间长了，越看越觉得，这种五彩的确是美不胜收，无论是色彩上的美，还是色系之间似搭不搭的感觉，古人都把握得极好。俗中带着雅，雅中色系包容和对立，整体一看，有繁花似锦的感觉。虽然不那么柔美，但摆在家里的条案上觉得特别耀眼。

时空穿越的忘年交

| 清康熙 | 红漆戗金龙纹长方盒 |

2003年年底，北京。中国嘉德秋拍，王世襄、袁荃猷夫妇的"俪松居藏品"专场引起广泛关注，专场拍品包括古琴、铜炉、佛像、家具、竹木雕刻多种杂项，创下了百分之百的成交率，总额达6000多万元。而重要的也许并不在拍卖价格上，更在于痴爱文化的他在多年沉寂之后，终于达到了声名的鼎盛。而我手里的这个漆盒，就来自那场12年前的拍卖。

在总标价6000多万的专场里，漆器这一组中，唯一一个龙纹漆盒成了我的珍藏。漆盒是木胎，漆紫红色底子。盖面雕刻一只龙，做拿空之势。龙头、鳞片用深紫色稠漆堆出，再在表面描赤色金，经过岁月侵蚀，现在有些突起的地方金漆已经磨损，露出了深色底漆，与凹陷处的浓金形成鲜明对比。这件漆盒的龙纹极具气势，相比瓷器、玉器等工艺品都显得更为生动细腻，想必为康熙皇帝案头之物。漆器早在新石器时代就已经出现，秦、汉时代是漆器工艺走向繁荣兴盛的重要时期，当时漆器是贵重物品的代表，因它胎体轻便、方便使用、光泽美丽，甚至取代了青铜器，之后历朝历代漆器都被王公贵族所垄断，一直为上流社会使用，所以流传下来的漆器中，做工

绘画很少见粗鄙简陋者。此件漆器为王世襄先生旧藏，经"60年非比寻常的珍藏——《俪松居长物志——王世襄、袁荃猷珍藏中国艺术品》"专场拍卖中拍出。王老先生是国内一流的收藏大家，被戏称为"京城第一玩家"。他一生藏品无数，涉猎极广，又以杂项收藏闻名。这件小盒保存完好，无丝毫裂损。漆器的收藏颇费心思，它对温度和湿度要求较高，此小盒历经近三个世纪尚能保存完好，可见王老先生对其的爱惜。

每当我摸着它的时候，我就想象着王老先生曾经也是这样把玩过，他见过人间无数的宝贝，竟还钟爱这么个漆盒，因为这个康熙年间的盒子，我和老爷子好像有了一个隔空的忘年之交。

时间那头，1934年的燕京大学。一位少年学子出现在司徒雷登校长组织的外籍教师茶话会上，他西装革履、仪容潇洒，一口标准而流利的英语，让在场的所有中国人刮目相看。第二天，还是他，上身穿铜纽扣对襟棉袄，下身着鹿皮套裤出现在校园里，他胳膊上架了只大鹰，手里掂拿了鸽哨，兴冲冲地前来读文学；喜欢收藏葫芦，就跑去校外的菜园自己种；甚至怀揣了蝈蝈去上老先生的中国历史课，课上到一半，怀里就传出蝈蝈的"嘟嘟"声……

这个漆盒将我带回王世襄先生的旧日时光中。它是我迄今为止在拍卖会上拍得的最欣喜的宝贝。王世襄老先生生前，我本来托了朋友，想拿着这个东西去拜访一下老先生。但因为老爷子后来感冒发烧，我的工作也忙，这事就耽误过去了。而此后老先生的离世，让一切成了永远的遗憾。

当年王世襄的专场我是亲自去的，可以用场面爆棚来形容。他所有的东西都被人毫不犹豫地争相竞价，牌子像波浪一样起伏。来的人里有投资客、大款，还有真正热爱王世襄的老中青三代收藏家。大家济济一堂，每个东西的竞价都超过几倍甚至几十倍，这个漆盒当时也是重金买下来的，整个过程让我特别高兴。百分之百的成交量，当时拍卖师是一个老先生，当场就获得"白手套"奖。其实这荣誉应该给王世襄。这次拍卖之后，王世襄的藏品就各奔东西了，再不会有王世襄的第二个专场，但是当时那些东西全都记在我的脑海里了。

也有人猜测为什么要举办这场拍卖，我想可能是家人决定的。老先生眼睁睁地看着十年浩劫摧毁了多少古文物，他救都救不过来，当年和夫人一起骑着破三轮，走街串巷，把一些破旧家具什么的往回收，但也远赶不及被破坏的数量。他们收的都是别人不要的，当垃圾扔的。有些藏品被王世襄先生捐给国家，却没给自己弄个私人博物馆，王世襄经历了朝代的更迭、繁复的政治风云，包括中国艺术品的潮涨潮落和兴衰。曾经被祖祖辈辈当宝贝传世的，结果在"文革"十年中就被砸烂了。这都是老先生经历的事情，他心中该有多少隐痛。

古玩，又称文物、骨著等，被视作人类文明和历史的缩影，融合了历史学、方志学、金石学、博物学、鉴定学及科技史学等知识内涵。经历无数朝代起伏变迁，藏玩之风依然不衰，甚而更热，是因为其中自有无穷魅力与独到的乐趣。这些曾经历朝历代中国文化最精美的见证，在"文革"期间几乎被破坏殆尽，然后又经历改革开放初期国家需要出口创汇又以极便宜的价格卖掉了很多古玩艺术品，但直到现在人们才知道，它们才永远是中华民族的宝贝。无论是藏品还是藏家，所经历的大起大落，见证了历史兴衰时期的王世襄自然会有一种与众不同的心态来看待这些事物，也直接或间接地导致了当年的那次专拍。幸运的是，这些东西都被喜爱它们的人收藏了。如果老先生知道这个漆盒到了我的手中，他会对我说些什么呢？

"爱情"自然而然地来

清光绪	官窑青花双龙戏珠纹盖碗

　　我的收藏是从浅到深，价格从正常的平民价格，到不断地敢于出重金。但是有一点，有人收藏从潘家园起步，有人则从各大古玩城里开始。瓷器分官窑和民窑，老百姓平日里吃饭喝茶也要用碗啊、杯啊的，这都出自民窑。但如果皇宫摆个大龙瓶，我家也想摆个大龙瓶行不行？当然可以，但那个大龙瓶是民窑仿制的。很多搞收藏的人是从民窑瓷器开始收藏，而我，庆幸的是，直接从官窑瓷器开始起步，这是我要跟大家分享的经验。官窑起点又分高中低不同的档次，比如清朝的瓷器，一定是康熙、雍正、乾隆的贵，而光绪的便宜，宣统更便宜，因为到了宣统，清朝已行将没落，国库亏空，没有余力去烧造更好的瓷器了。

　　我这个清光绪青花双龙戏珠纹的盖碗，就是请人喝茶用的。盖碗，又称"三才杯""三才碗"，暗含天地人和之意，盖为天、托为地、碗为人。是中国文化天人合一的精髓展示。古人认为茶是天涵之、地载之、人育之灵物，将茶拨入盖碗喻意三才合一共同化育出茶的精华。盖碗茶在明末清初深受王公大臣的青睐，是一种身份象征，特别是清朝，盖碗使用非常讲究，加端盖时应右手拿托，左手执盖，轻轻拨动茶水表面，在饮茶时要身体端正，以双手送入口中。再者，盖碗的摆放使用更是一门学

间，碗盖盖上表示茶不用添水，碗盖放右碗托上表示需加水，碗盖搭在碗托上表示出去一下马上回来，把碗盖放在桌面上表示"我要走了"。古代的官场交际，主人接见客人，都会为客人奉上一盏盖碗茶。倘若主客间话不投机，抑或心中暗生厌恶，主人就端起盖碗向客人劝茶，这时客人心领神会，只得起身悻悻告辞。

光绪是清代瓷器史上较为特别的年代，可算是清代官窑瓷器回光返照的最后辉煌。此时国家处于比较稳定的阶段，受到洋务运动等影响清王朝获得了短暂的新生，这也促使了景德镇瓷器烧造获得了一定程度的恢复发展。此时瓷器有一个显著特点，就是仿古瓷大为流行。原因主要在于此时朝野的文人士大夫们特别推崇前朝的瓷器，论瓷之风兴盛；又兼之列强入侵者们大肆掠夺，前朝瓷器大量流散，有的流落坊间成为商品，价格高昂，古董商以此为驱利之道，竞相模仿，一定程度上刺激了景德镇的仿古之风。此时的官窑以仿烧康、雍、乾三代的瓷器居多。其中又以仿康熙瓷最得神韵，所以光绪瓷又有"小康熙"之称。如这件作品，白釉釉质润泽洁白，外壁绘两条行龙戏珠，双龙周身饰火焰，穿行于祥云之中，绘画流畅自然，造型隽秀俊朗，色泽明丽纤秀，带有明显的康熙风格，虽不及康熙瓷灵动秀美，却也颇得其形神。

话说回来，这个盖碗如果是雍正的，现在可能就是300万的标价，如果是光绪的，可能就只值20万，差距就这么大。对于我而言，我虽然庆幸从官窑起步，但当时应该迈过光绪，直接奔着雍正去就好了。但当时不敢，没有那么多钱，虽然有收藏圈里比较权威的师傅跟我交流，但我仍然不敢下狠手花重金。

这个盖碗，也印证着我的收藏经历。20世纪90年代中期在北京买套房子才50万，雍正的一个盖碗就要30万。人们通常都会认为，不就是一对瓷碗吗？为什么值这么多钱？但1.5万敢不敢买，我敢！最早从光绪的官窑瓷器开始，就买了这对盖碗，真是1.5万买下的。

当时是我自己去拍卖会拍的。那会儿觉得钱还是自己掌握比较好，如果由人代拍，即便是很亲近的人，但这些万儿八千的买卖，对方举牌尺度的掌握，未必合自己心意，所以亲自跑到拍卖会去。那时我已经有名气了，所以总是低着头举牌，不愿别人看见我的脸，不然别人看见蔡国庆又会揣测：歌星啊，有钱啊，他举到1万5，咱逗逗他，举到1万8，让他买不着。所以那会儿去拍卖会，我基本是低头"认罪"去了，不敢跟人说话，拿着牌子，低着头，拿眼瞄着，偷偷地举。现在想起来都好笑。

收藏和投资是两回事，我最开始的心态是着眼于收藏，若说投资的话，经过一些专业训练，我早就可以挣很多钱了。可是我把它当作是收藏，不管是涨了还是跌了，我就舍不得卖。对于很多人而言，这是不对的，藏品应该不断地转换流传。这对光绪的碗，按说现在我已经有更多比它好、比它更棒、比它更值钱的东西，但我还是舍不得卖掉它，虽然现在它已经升值了，1.5万可下不来了，15万也未必，但是如果现在卖了它，拿到15万又如何呢？所以还是留着它吧。

这种心态，已经说明了我对这些藏品的热爱。我始终觉得，任何人对待艺术品，一定是喜爱为先的。若只把它当成一种投资，你无法沉浸其中，你无法体会所拥有的这种器物的美。中国近几年的艺术品市场就是泡沫太多，炒作太严重，我轻易不敢碰。有的拍卖会是拼钱的，不见得他有多喜欢，有多懂。我现在根据自己情况量力而行，一切以自己的喜爱为中心。一点一点地收藏，一点一点地积累，已将近二十年的时间。所以我古玩界的一些朋友说，最后真正获得人生双丰收的，就是像你蔡国庆这样的，东西留下来了，留得越久，价值越高。若只是投资的心态，是留不住这些美物的。无论如何，对官窑瓷器，我会一直收藏下去，也许有一天做个小型展览，也无妨，但这不是炫耀，只是做一个美的展示。

这些收藏，就是为了积存我生命中最美好的回忆，为了自己的生活，为了自己暮年的生活。告别的时候，我带着美而离去，怀着享不尽的美好回忆而离去。某种程度上讲，我是个极爱自己的人，爱恋自己，保护自己。也算自恋，更多是因为小时候受过那种羞辱之后，长大了变成一种自我保护，自我保护过度了之后就是自恋。因为我害怕自己受伤害，我希望用好的东西保护我自己，就像建起一座长城一样，护着我美好的生命，不要再受到伤害。所以，看着这些东西，我内心就有很多美好的回忆，拥有它的时候，拥有一件美物的时候，胜过爱情带来的刺激。任何收藏家都会讲，什么叫玩物丧志，老婆都不想了，就为这个古玩，说明这些东西的确就像鸦片一样，是美的"鸦片"，对身心没有摧残，只会让你变成一个更有学识、更有品位、更有美感的人。当你变成这种人时，爱情也就自然而然地来了。

大清光緒年製

向大师致敬

清道光	官窑青花五彩龙凤纹大婚碗	(一对)

　　这对五彩的碗，正面是龙，背面是凤，是我在一次国内的拍卖会上买的。这对碗到底好在哪里呢？这里我就想讲一个词：流传有序。

　　身处收藏界的人士，肯定对"流传有序"毫不陌生，它就像是藏品的身份证，每一次的流转、传承都有处可寻。近年来，有不少在拍卖场上取得佳绩的古董、文物之所以创出高价就是因为它有一个真实的身份证。

　　一个朋友在微博上说："一件最普通的定窑素瓷，脏、旧，但若见于市场，每一个贴在身上的签条都会使它身价翻倍，因为它见证了从清宫收藏到当代的历史，这就是'流传有序'的市场力量。"

　　这句话无疑说明了在收藏界"流传有序"的重要性，它不仅是品质的保证，还见证了每一段的收藏历史以及收藏者的故事。如今，艺术品收藏市场鱼龙混杂，真伪难辨，"流传有序"在另一个层面上就更成了"真品"的代名词。更直接的是，它能够让一件收藏品的市场价格成倍地增长。

　　五彩龙凤纹大婚碗归为常见器，很常见并不稀有。那这对碗特别在哪儿？中国近代收藏家的序列当中，有一个排行前三的大收藏家，叫仇焱之。他于民国三十八年

（1949年）结束在上海的经营活动，去香港、瑞士继续经营古代陶瓷，1980年病逝于瑞士。仇氏家族都是大收藏家，收藏甚丰，且很多是精品。这对碗就是他收藏的。所以这对常见器就变得很不一般，拍卖会上许多人举牌买它，买的是仇焱之这个收藏家的名声。名人收藏的东西，在市场的美誉度都很高，因为大家都相信权威的审美眼光。果不其然，这对碗，确实也品相一流，堪称完美。这对碗虽然说是常见器，但历朝历代皇上结婚时都用这种碗，所以有收藏价值。打个比方，以前在宫里，结婚时需要烧造200对这样的碗，请200桌，200套碗中，碎掉100套，还留下100套。在100套中，每对碗，烧造出来的都不一样，而这对碗烧造的可能是最完美的一对，这点就极为难得。所以当时拍卖会上，我第一次有一种志在必得的感觉。我当时买的就是"仇焱之"这三个字，其实我作为小字辈而言，内心存有一种历史的情感：这对碗被这么了不起的一个大收藏家收藏过，然后流传到我的手上，我收藏它们，是向大师致敬。

　　这是大约十年前的事。这对大婚碗是我最早收藏的"流传有序"的东西，所以买常见器要发现它独特的地方。一般来讲，任何东西，只要被大收藏家收藏过，都会比当时这类器物的行价高。如果这是一对普通的清朝道光大婚碗，当时市场的行价是10万，在2004年肯定能买到；但仇焱之收藏过的这一对，就得拍到20万才能买到，足足翻了一倍的价钱。对不懂得仇焱之的藏家来说，既然我10万就能买一对碗，凭什么要买他的啊？这种名人效应，在价钱上起着决定性的作用，这也是收藏界的一个现象。

大师之藏

清乾隆	黄釉暗刻龙纹盘	(一对)

　　在我众多的藏品中，有一件非常特别的龙纹盘——清乾隆黄釉暗刻龙纹盘。谈起这件瓷器，就不得不提及世界顶级收藏家乔瑟普·埃斯凯纳齐先生。

　　乔瑟普·埃斯凯纳齐(Giuseppe Eskenazi)，生于1939年，被誉为经营东方古董的世界级泰斗、世界上最大的中国古玩商人、世界上最重要的东方艺术品经销商。其家族经营的公司早在1925年便创建于意大利米兰，1970年成为世界顶级的艺术品收藏和经营机构。埃斯凯纳齐从17岁开始就表现出了对艺术品的浓厚兴趣，当时他还只是他叔叔Vittorio的助手。1952年他去伦敦求学，为他日后鉴赏中国、日本等东方艺术品奠定了坚实的基础。家族公司在他接手之后开始快速发展，在这位会说六种语言的收藏家的带领下，他和他的家族创造了一个又一个艺术品拍卖纪录。比如为世人所熟知的在2005年他以1568万英镑（折合人民币约2.3亿）购买了元青花鬼谷子下山图大罐，创造了当时世界上瓷器和中国艺术品拍卖的最高纪录；又如在2015年3月17日纽约佳士得"安思远私人珍藏"系列首场拍卖中，他以285.3万美元（折合人民币约1800万）购得西汉鎏金铜熊形摆件，成为全新的世界纪录。

　　近二十年的中国艺术品拍卖行情，很多都是在埃斯凯纳齐的带动下发生的。从

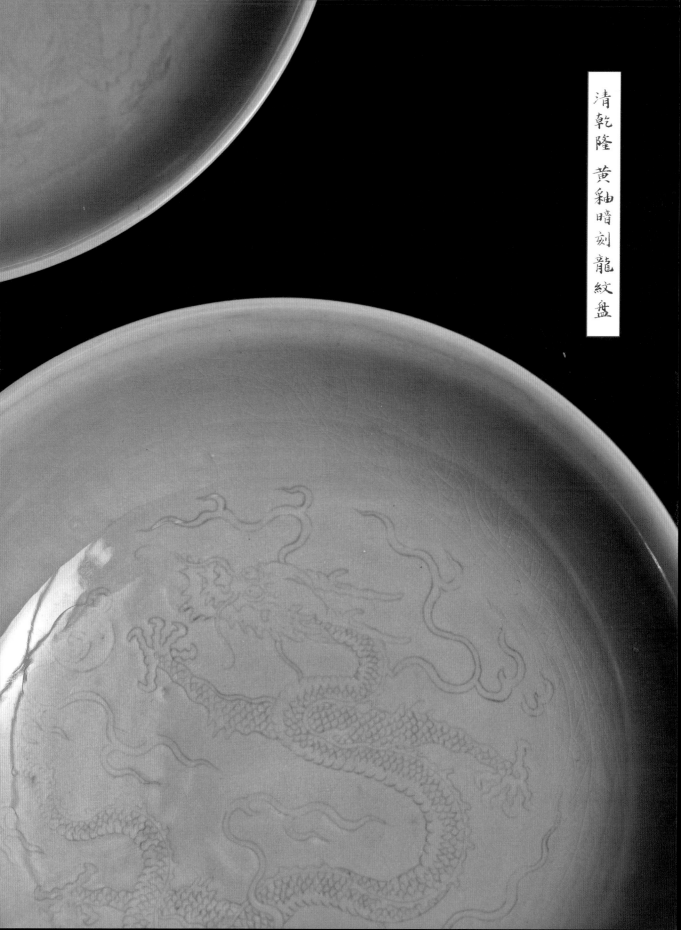

清乾隆 黃釉暗刻龍紋盤

1997年开始，清代瓷器在各地拍卖场上连创高价，据业内人士回忆，清代瓷器行情飙升最具标志意义的事件就是埃斯凯纳齐狂购清三代官窑瓷器。埃斯凯纳齐的大动作引发了香港、台北、纽约、伦敦四大市场的"蝴蝶效应"，各地知名古董商、收藏家纷纷抢购清代官窑瓷器，价格逐步水涨船高。除此之外，在2009年6月，埃斯凯纳齐又以340万英镑的价格拍下清乾隆鎏金座御制碧玉水牛，创造了有史以来玉器拍卖的最高纪录，此举引爆了中国玉器和"御制"品的火爆市场。

埃斯凯纳齐的主顾都是一些大型博物馆和世界级收藏家。从20世纪70年代至今，从埃斯凯纳齐家族公司购进展品的博物馆不胜枚举。仅就北美而言，便有芝加哥艺术研究院和著名的芝加哥博物馆、克利夫兰艺术博物馆、金贝尔艺术博物馆、洛杉矶县立博物馆、纽约大都会博物馆，而世界性的大英博物馆和东京国家博物馆均有从他手中购进古董艺术品。

埃斯凯纳齐对中国古代艺术品的研究非常老到，可谓独具慧眼。他严格把握中国艺术品的市场潜力，正确的时间点买进什么，卖出什么，长期持有什么，都有一整套策略。很多人鼓动他卖掉元青花鬼谷子下山图大罐，他总是回绝："那是留给儿子的礼物。"谁都知道，元青花鬼谷子下山图大罐已经是世界级的"品牌"，具有"一罐天下知"的品牌效应，拥有这样的"品牌"，就会长期吸引艺术品市场的眼球。当初以如此天价拍下，没有前瞻性考量，没有意识到拥有这样顶级的艺术品意味着什么，单纯地从市场投资角度他是不会断然冒险的。这也应验了张宗宪先生一直推崇的"高举高打，以品牌推藏品"的艺术品战略。可以说，他对艺术品的选择和竞拍引领了一种风尚。

我所收藏的这对清乾隆黄釉暗刻龙纹盘就是自埃斯凯纳齐先生手中购得的。盘子的黄釉釉色之纯正，暗刻龙所用刀法之高超，瓷盘之精巧、美丽，无与伦比。在制作的工艺上，它是先做好了胎，然后刻上龙，再上釉色。看上去，它就是一个黄釉色的盘子，但当你拿在手中在灯光下看的时候，依靠灯的反光，就可以在釉色里面看到一条翻江倒海的龙，给人带来意外惊喜，犹如顶级奢侈品的logo隐藏在深处一样，真是藏而不露。而纯正的黄釉也正代表了皇家的颜色，更显皇家的高贵和气质。

这对盘子是当时我托好朋友专门飞到美国帮我拍下的。当时现场竞争非常激烈，竞拍到一半的时候，朋友问我还要不要继续举牌，因为这已经超过了我的心理价位。我当时也十分纠结，这虽然是一件好东西，但若没有被埃斯凯纳齐收藏过，可能也不会如此价值不菲。尽管有各种判断、考量，但凭着对埃斯凯纳齐先生的坚信和对这对龙纹盘的认可，我很坚定地竞价，不断刷新了自己的心理价位，终于如愿以偿。当我实实在在地将盘子捧在手中时，很强烈地感觉到，埃斯凯纳齐不愧为世界级的大收藏家。他的眼光和审美已经帮我们认识到这件东西独特的一面，这就是大收藏家的魅力。我相信如果有一天他将自己的收藏都推向市场的时候，中国所有的藏家都会争相抢购。这件瓷器的价值，不仅在于它本身的价值和地位，也在于收藏家的身份和地位。"流传有序"就是身份的证明，它更加凸显了藏品的价值和魅力。

买来之后，我并没有直接跟圈内的朋友分享，而是收藏了起来，我不是那种收藏了什么东西就喜欢立刻跟人分享的人，但是我最终做了一个决定：这本书就是最大胆的分享。当很多藏家看到这些东西时，可能会勾起他们的回忆。藏家的本色即在于藏，我过去的不分享，可能就是为了这本书最大胆的分享。

成双成对的美与快乐

清嘉庆	官窑青花五彩龙凤纹碗	(一对)
清道光	官窑青花五彩龙凤纹碗	(一对)

我曾经在一张画报上看到过香港的一个名门之家，在图片中，家中的女主人恬静地坐在壁炉前面，壁炉上摆放着两个漂亮的古董瓷碗。

后来，我就学她的样子，也在家中的壁炉上放了古董瓷碗，她放两个，我放了九个。遵照中国人的传统，九字为尊，从大到小，依次排下去，看上去真的棒极了！但我们家还有个规定：任何人只能站在两米之外欣赏，只要再向前一步，我就会大喊一声："止步！"

其实是开玩笑的，但是我的确会喊一声："小心啊那边！"有时我甚至想拿毛笔在每个地方都写上字——不许触摸。后来有人说，这样你的家就不像家了，当博物馆得了。从沙发到灯具，甚至是从非洲买来的乌木摆件，都是我精心设计、摆好位置的。壁炉前的乌木鸭子也是从国外买回来的，先买了一只小的，然后每一趟出国都会寻找与它配对的，直到找到另外两只，把大中小号都配齐了，像一家子。

我喜欢成双成对，就像这两对清道光青花五彩龙凤纹碗和清嘉庆青花五彩龙凤纹碗。这两对碗出自不同年代，但为何碗的造型、纹饰、用色上却十分接近呢？原因很简单，这种五彩龙凤纹样的碗在清代官窑中早有定制，它创烧于康熙时期，因为纹饰

清嘉慶 官窰青花五彩龍鳳紋碗

清道光 官窰青花五彩龍鳳紋碗

精美、色彩艳丽，而且有 "龙凤呈祥" 的美好寓意，所以成为官窑经典品种，一直延续烧造至清末。据《清宫档案》记载，此类碗应为皇帝大婚典礼和乾清宫家宴上所用之器。除了碗壁和内心的龙凤纹饰，碗的口沿处还绘了一周的吉祥八宝纹饰。八宝是指藏传佛教中的轮、螺、伞、盖、花、罐、鱼、肠八物。吉祥八宝纹自元代起就时常出现于瓷器绘画上。在元明清三朝中，不乏统治者对藏传佛教的崇信，至清朝，发展更为迅速。清朝统治者们将其奉为国教，如雍正、乾隆更是藏传佛教的忠实信徒，所以类似佛教八宝、宝相花、佛莲等题材的纹饰扩展至宫廷装饰的方方面面。如上述这类宫廷定制的铺宫瓷，许多都绘刻着吉祥八宝纹。

这两对碗的造型都规矩秀雅，纹饰绘制也很精致，色彩更是穷奢奇妍，最为可喜的是品相都很完好。这类瓷器虽是官窑中最常见的用瓷，但因为都是日用器皿，能保存完好，不脱彩、不惊纹的还是比较少见的。（参阅：《中国清代官窑瓷器》，第159页；《清瓷萃珍》图53。《故宫博物院藏文物珍品大系——五彩·斗彩》，第172页，图158，上海科学技术出版社、商务印书馆（香港），1999年。《宫廷珍藏——中国清代官窑瓷器》，第282页，上海文化出版社，2003年）

很多人不明白我在舞台上为什么永远是阳光和开心的，因为我对自己的状态很满意，由内而外地懂得生命意义和生活情趣，自己会在这种情趣中焕发出无限的美。这些艺术品是老祖宗留给我们的，如何陈列，如何摆设，恰恰能体现我的美学态度。这其中包含了我的审美眼光，同样也印证着自己的生活里那份快乐和骄傲。所以每一次我搭配出家居里美好的布景，甚至得到新的收藏，我都会给自己鼓掌。我希望读这本书的读者也可以分享这种无以匹敌的美感和快乐。

大清道光年製

大清嘉慶年製

巧费心思落矾红

清道光	官窑青花矾红彩海水龙纹杯 (一对)

中国瓷器的色彩是最多样化的，有单色釉的，有各种色彩的，其中矾红龙纹是一个主要的品种。矾红，一种陶瓷低温釉上颜料，以三氧化二铁悬浊体着色的低温红釉和红彩，亦称"铁红""红彩""虹彩"，它的色泽往往带有一种如橙子般的红色。其产生于宋代，为釉上多种彩的前驱，后沿用至明代万历时以红彩、铅粉配制而成。明代嘉靖时，御器厂更是以矾红彩取代铜红釉里红作画。

到清康熙时，矾红彩有了很大的进步，色泽鲜艳，华丽凝重；一般用于五彩、斗彩瓷器中绘制纹饰，无单色釉器。嘉庆以后，矾红彩色泽均不甚佳，仅光绪时稍有起色。红色的确象征喜庆和美事，这种习惯一直延续到今天，中国人还用这种酒杯喝酒，尤其是喝黄酒的时候。但在那个年代这真是皇帝喝酒的酒杯。

这件小杯的器型纤巧可爱，地釉洁白温润，配合釉上鲜艳矾红，更显得俏丽夺目。外壁口沿及近足部绘饰了一周青花双线弦纹，釉下青花与釉上矾红相映成趣。这小杯最为惹人注意的是其腹部所绘矾红彩龙纹，此龙身姿矫健，腾跃于海面，龙须上扬，龙爪怒张，衬以海水波涛纹，生动威猛。龙纹装饰是宫廷物品的一大特色，每个朝代的龙纹都带有鲜明的时代特征，如清三代盛世，龙的绘画多刚猛威仪、威风凛

凛，而至嘉靖道光，龙多见老态龙钟、垂头丧气，连胡须都无力地耷拉下来，这与嘉靖道光时期大清朝国力渐衰退有关，至光绪时又如返老还童般精神抖擞，昂头做升腾之状。而这件小杯的龙纹虽绘于道光时期，却不见颓势，罕见地极具矫健刚劲之气，可推测当时窑工绘画应该多费心力，在繁重的宫廷御窑烧造中，为如此小器费尽心力，应为皇帝御前使用的器物。

就器型来看，超大或超小的瓷器在烧造和龙纹的绘制上都是极难的。比如，硕大的天球瓶或龙纹大缸烧造成功的比例就特别低，当然也包括这种矾红五爪御龙纹杯。不同于一般我们所看到的各种正常器型的瓷器，它非常精巧，又有龙纹，因而一看就知道这是御用的酒杯。加上它的画工精美，绘龙技艺高超，所以烧制的难度可以想象，真是非同一般。

这种龙纹杯对于我的收藏是一种十分必要的丰富和补充，它是一种不可或缺的器型和品种。直到现在，无论属于哪个朝代，这种精巧的龙纹杯在各大拍卖会上依然极少看到。

另外，这对酒杯画工一流，小巧精致，不但是我目前藏品中最小的一对，在中国的瓷器中这也是最小的酒杯了。一直以来，我希望能收藏到更早朝代的龙纹杯，比如雍正或乾隆时期的，但实际上越是鼎盛时期，反倒更加罕见，而且价格也更为昂贵。

对于龙纹杯的收藏不同于龙纹的盘和碗，它更具一种超脱的意义。当你手持这小酒杯时，它似乎会让你产生一种把酒问青天的感觉，每逢人生中值得庆贺或充满喜悦的时刻，它都能让你更添一份成功感。我也希望在某个值得纪念的日子，能手举酒杯与我最爱的人欢畅对饮，享受不一样的人生。

落花有心

清道光	官窑白地绿彩云龙纹盘	(一对)

盘子的釉面滋润光亮，盘子内底绘云龙纹，外壁绘画两条行龙。绿彩施放得较浅淡，在白釉的衬托下，显得清新高雅。这类绿彩龙纹盘始见于明宣德时期，后代均可见烧造，一直延续至清代。白地绿彩云龙纹的盘碗器在明代时烧造比较复杂，需要二次入窑烧造而成。首先于瓷器的素坯上剔刻出龙纹，之后罩施透明釉，再拭去剔刻部位的釉汁，入窑高温烧制，烧成后再于纹饰处填绘绿彩，入窑低温烘烧而成。而烧造制作到清代，随着烧造水平提高，则不再剔出透明釉，而直接在釉上绘画。这类盘子是清代官窑的典型品种，在历代御窑厂均有烧造。

瓷器的收藏还讲究成双成对，那样你才会觉得搭配完美。中国人骨子里也最讲究这个，就跟福寿双全一样。我这对东西是在不同年代买的，最早的一个在七八年前，看着品相极好，但要找一个同样年份、同样尺寸、跟它品相一模一样的着实不容易。甚至有人会要求说，如果是一个工匠画的就更好了。能配上一对，又是一个工匠画的，实在是可遇不可求的事。

隔了五年时间，我在古玩城找到了第二个盘子，是北京一个朋友给我提供的消息。那朋友知道我有一个，告诉我说他在古玩城的朋友也有一个，刚从日本买回来。

我当时颇为怀疑这两个盘子的相似度，朋友说感觉非常像。因为爱好古玩的人看上一个东西之后，他心里会有很深的记忆，会老想着这个东西，一下子就能看出像不像一对。我二话不说，跟着他去了。猛打眼一看，真是一样。但我还是比较谨慎，立刻回家，把我自己的盘子带上，又打车回到现场核对，验明正身。前后仔细比对，爪子什么样，眼睛什么样；每一个云是什么样，火球在哪里，一个细节都不放过。比对了足足两个小时，最后拍板了，真是一样，几乎是一个工匠做出来的，朝代和款早就印证了，确实是道光的。尺寸一模一样，都是16厘米，甚至盘子上画龙的手法都一样。遇上这样的事，真是很神奇、很难得。就像老天爷明白我的苦心，终有回报。

说起古玩城，人们立刻会想起潘家园。此处鱼龙混杂，货品好坏也参差不齐。所以在古玩城里，我的确是多了一份谨慎。即便是好朋友介绍的，也要多长一个心眼。如果是老店，在这里都开了十年八年了，安全系数是比较高的，不会卖你一个假盘子，然后第二天关门就跑了，这是不值当的。但在潘家园，这样的事就有可能发生，因为那里都是流动商贩。古玩城相对来说比较可靠，又是家老店，已经在那里开了七八年了。这时顶着"名人"的头衔是有好处的，他如果卖给名人一个假货，名人要说出去，口碑就完蛋了；又是朋友介绍的，所以我信任那家店。这东西是从日本回流的。包装的盒子看上去就有点年份，很老旧的感觉，有几十年的历史。说明这位日本藏家也可能是在20世纪六七十年代收的东西。其实盒子的包装也很打动我，包装老，我就觉得这东西靠谱。

那个年代拍到瓷器，拍卖公司会做个蓝布锦盒装上，一般都在琉璃厂那边定做。但日本人对瓷器的热爱比中国人更甚，而且日本是岛国，特别怕地震，中国通常拿锦盒装瓷器，但锦盒是纸糊的，并不结实。日本人收藏中国瓷器的时候，盒子是怎么做的呢？里面也是锦和棉花铺制的盒囊，外面是木头的材质，禁砸，禁摔，抗压性强。所以这种盒子和包装方法是日本收藏界特有的，踩上去一个人都没问题。

日本人的盒子特别逗，还根据中国人的习惯，加了一个包袱皮。打开时一下一下解开，最后呈现的就是这个瓷器。日本延续了中华传统文化太多的东西，别小看包袱皮这个东西，也是从中国传过去的。

不管怎样，用了五年时间配成一对了，也算完美了。而且从拍卖的价格上而言，

清道光 官窯白地綠彩雲龍紋盤

成双成对的瓷器必然会超出单个的价格，拍卖场里好多东西都如此。因为大家愿意买的就是成双成对。中国人的美学陈设都讲究左右对称，即使在老百姓家里，八仙桌后面也有个条案，放着两个掸瓶（插鸡毛掸子的瓶），最民间的那种，也讲究的是左右对称、平衡和谐，这迎合了中华传统文化里的中庸之道、四平八稳。我的收藏从过去单个的追求，发展到了现在的成双成对，要么一下子就买一对，要么先买一个，脑子里就想着找另外一个，最终要配成对。所以，配对的概念就是从这对盘子开始的。那会儿还没给自己配对呢，先给盘子配对了。

苍龙教子

清乾隆	官窑青花釉里红玉壶春瓶

玉壶春瓶历朝历代都有。我对它的认识是，过去称酒为"琼浆玉液"，所以我觉得最早它做出来是为斟酒用的，为皇上斟酒而用的。但这只是我的猜测。

其实玉壶春瓶又叫玉壶春壶，是宋瓷中具有时代特征的一种典型器物。流行地区广，沿用时间长，宋以后历代各地窑厂均有烧制。基本形制为撇口、细颈、垂腹、圈足，是一种以变化柔和的弧线为轮廓线的瓶类。其造型上的独特之处是：颈较细，颈部中央微微收束，颈部向下逐渐加宽过渡为杏圆状下垂腹，曲线变化圆缓。圈足相对较大，或内敛或外撇。这种瓶的造型定型于宋代，历经宋、元、明、清、民国直至现代，成为中国瓷器造型中的一种典型器物。

玉壶春瓶的造型定型于北宋时期，由唐代寺院里的净水瓶演变而来。在当时确实是一种装酒的实用器具，后来逐渐演变为观赏性的陈设瓷，是中国瓷器造型中的一种典型器形。玉壶春瓶的基本造型是由左右两个对称的"S"形构成，线条优美柔和。元代玉壶春瓶承袭了宋代的形制，圈足外撇，体形瘦长。造型除圆形外，还有八方形。釉色、纹饰华丽丰富，已从宋代的实用酒器转变为陈设器。明代的玉壶春瓶和元代清秀瘦长的器形相比，器身有粗壮的趋势，圆腹渐趋丰硕，瓶颈加长，重心下移。洪武

清乾隆　官窯青花釉里紅玉壺春瓶

时期的玉壶春瓶，还具有元末明初瓷器厚重粗笨的风格，外廓曲线与下腹曲线的转折比较明显，有些憨笨的感觉，比不上元代玉壶春瓶造型的优美与舒朗。发展到明代中期以后，玉壶春瓶的造型趋于细腻圆润，优美流畅。明代的玉壶春瓶以青花品种最为常见。主题纹饰常常以云龙、梅、兰、花鸟、缠枝莲等为主要装饰图案。

　　明清时期玉壶春瓶跟天球瓶一样，都属于最高级的陈设器，它的高级体现在哪儿呢？现在的人，不会往天球瓶里插花，很降格，天球瓶不需要插什么东西，它是独树一帜的器物。但玉壶春瓶这种瓶子，摆在古色古香的条案上，再插几枝迎风傲雪的梅花枝，一下子就显现出那种传统的书香古韵。

　　关于"玉壶春瓶"名字的来源，一般的书籍都说是因宋人的诗句"玉壶买春"而得名，但前者仅是四个字，完整的诗句是什么，什么人作的，题目是什么，都不得而知。进一步说，即便知道了这首诗的全部，但一句诗是如何与这种撇口、细颈、垂腹、圈足的器物联系起来的呢？也很难说清楚。"玉壶买春"四字倒是可以查得到出处。唐代司空图的《诗品·典雅》中有"玉壶买春，赏雨茅屋；座中佳士，左右修竹"的句子。"玉壶买春"四字在这里的意思是用玉壶去买"春"（"春"指酒），玉壶指玉制的壶或是指如玉一般的青瓷壶。至于这种壶的形状是否就是现在所见的"玉壶春瓶"，二者是否能够直接联系起来，均难考实。也有某种可能是后人用"玉壶买春"来附会现在的玉壶春瓶，也未可知。

　　这件东西是十几年前在伦敦苏富比拍卖会上拍的，那次我没有请专家为我掌眼，仅凭自己的感觉，觉得这件器物不错。此前我收藏的一些碗盏杯盘，都是日常的使用品。真正的陈设器里，这是重要的一件。这件青花釉里红"苍龙教子"图玉壶春瓶，当时想必是摆放在宫中的某个房间。青花釉里红这个品种的瓷器在彩釉瓷中比较名贵。它的烧制工艺比较复杂，红釉的发色非常不稳定，对窑室内的温度和空气控制要求很精确，稍有不慎釉色便发乌发褐，在古代的生产技术下，这些条件完全依靠窑工的经验控制，要成功烧出色泽鲜艳完美的青花釉里红只能碰运气。青花釉里红始见于元代，在明永乐、宣德之后就少见烧成器物。直到康熙时，釉里红呈色才渐趋稳定，青花釉里红之烧造亦见成熟，已经可以表现大幅山川景象与人物故事场面。到雍正时，青花釉里红器物愈加显得炉火纯青，层次分明，不见浑浊、浸漫，成一王之神

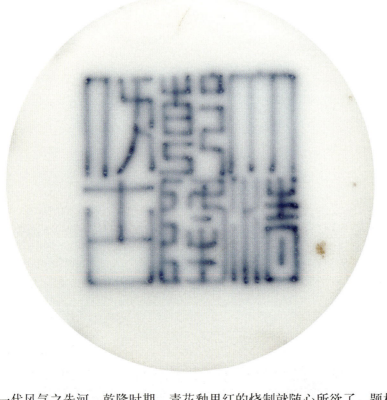

貌，尤开一代风气之先河。乾隆时期，青花釉里红的烧制就随心所欲了，题材丰富，构图繁复，且画工求精求细，为后人称道。此件乾隆制青花釉里红玉壶春瓶，满彩满工，发色明艳清晰，可算珍贵之作，但我却不是因其完美的工艺喜爱它，而是瓷器上绘制的 "苍龙教子" 图让我很是赞赏。首先是龙纹的绘画细腻，图案画法借鉴了清代顺治时期经常使用的"云龙三现"的表现形式，龙身只露出三段，其他部分被浮云遮掩，故称"一身三现"，确有"云从龙"之感，而飘浮的斑片云纹，在康熙时常被使用，到乾隆时期画面更加写实。仔细观察其用笔，勾皴点染无一不足，臻乎化境，青花、釉里红两者并胜，用笔卓尔不群，意境渊雅恬淡。其次，乾隆皇帝是个非常孝顺的人，郭成康先生称之为"纯孝之子"，在《清高宗实录》中记载，乾隆元年时，乾隆日日去雍和宫梓宫前供奠，前往皇太后宫问安，天天不辍。这件器物无款制作于乾隆登基治世初期，以体现为君不忘父训之意，大彰孝道。子曰："父在观其志，父没观其行。三年无改于父之道，可谓孝已矣。"

飞回来的龙缸

明万历	官窑青花五彩龙穿花卉纹大缸

　　这件缸，缸形硕大，是罕见的明万历五彩大器。缸正面的口沿处以楷书书写"大明万历年制"六字横行边款。这种书写方式是万历大型器物中常见的方式。外壁以青花绘游龙纹，其间杂绘黄彩灵芝和绿彩荷叶图案，所绘游龙凶猛灵活，水藻飘曳，画风粗犷，是万历时期五彩精品大作，而且大缸上的五彩彩料保存基本完整，十分难得。

　　五彩为明清时期景德镇窑的新品种，由宋元釉上加彩的基础上发展而来。明代彩料中无蓝彩，需用蓝色表现之处，皆以青花代之，称"青花五彩"，成为独特的时代特征，以嘉靖、万历五彩为代表。嘉靖、万历时期五彩施彩的特点是：大量采用釉上矾红和釉下青花二彩，釉下青花与釉上多种彩色相结合，多用黑彩或赤褐色线勾描纹样轮廓，画面浓重艳丽。其中万历五彩因其红绿二彩炽烈，对比强烈，夺人心魄，后世无能出其左，而冠绝古今。《陶雅·卷下十三》赞曰："万历五彩，草昧初开，往往显其拙相，皆非寻常匠手所能几及。"

　　这件青花五彩龙穿花卉纹大缸是十二年前，我先从日本去香港，然后从香港再带回内地的。因为日本在亚洲是拥有中国几代皇朝瓷器最多的国家，所以这些年，人们都在说"文物回流"，有从欧洲回流的，也有很多是从日本回流的。青花五彩龙穿花

明萬曆 官窯青花五彩龍穿花卉紋大缸

卉纹大缸的卖家是日本的一个古董商人，而我是从香港苏富比拍回来的。

关于买这个缸，对我而言，就是有"求大"的心态。因为我收藏的那些碗啊盘啊，都不很大，这个缸是我迄今为止收藏的最大的一件瓷器。第一眼看到它的感觉就是美：龙从花中穿越，每一笔都连着，画法新颖。飞起来的龙须，后面转成圈，有机地连贯着。且不管它过去是做什么用的，如果把它摆在书房的一个条案上，里面放十几个卷轴的画，内心会有很大的满足感：明朝的，万历年间，传到今天有几百年了……

这个缸从香港运回来，也相当不易。我先通过朋友从香港报关进到深圳，因为不能托运，我就抱上飞机，这么大一个盒子，登机后才知道多么幸运，我身旁正好有个空座。我坐一座，它就坐我旁边。一大盒子坐我旁边，也确实有点滑稽，我不能抱在胸前放在腿上，也放不进行李架。因为缸外面是一个很大的木箱盒，日本做的装古玩的木箱盒，根本没办法托运，我又不可能为了它，坐火车回来。那个时候还没有高铁呢，坐三天三夜的火车，对我来说很浪费时间，我毕竟还有工作在身。这么大号的瓷器，特别重。我用行军绷带缠好，拎在手里。上飞机时真是抱上去的，还是双手怀抱。后来我决定，为了再买大个的古玩，回家就练习哑铃，加强臂力，否则以后买大瓷器我都拎不动。我真不放心别人拿，万一掉了算谁的？

　　因为在收藏界里，"瓷器过手"都透着学问，我一开始和马未都老师学，后来又和王刚老师学。一般人不能过手。但过手的时候一定要懂行，绝对不能单手接，一定要双手接，接到你手里，我说我放好了，你说你拿好了，再拿过来，才会稳妥。就怕瓷器给你时，你似接没接的时候，两人都一松手，摔了。所以古玩店有很多的规矩，有很多规定动作，外行是不懂的。这些规定动作也是我这些年不停练习的。外行拿瓷器时一看就是外行，比如玉壶春瓶怎么拿，一般人会双手把它抱住，抱在肚子上，但这样绝对不可取，必须要一手托底，上面一手大拇指伸在春瓶的口里。碗也是如此，双手拿，为了避免手上有汗，会滑，一定要托底。抠边，托底，肯定就稳稳的。这一切讲究都是为了瓷器的安全。

　　所以这些动作一定要自己练。这个龙缸，我家里人都不能动，只能远远地观看。为了它，我除了付给苏富比一笔钱，还让它坐了个头等舱，它才跟我一起飞回了北京。这怕是国内第一个坐过头等舱的缸了。

五彩斑斓

明万历	御窑黄地五彩双龙纹盘

　　说到这个盘子，就要先提一下官窑瓷器。人们常说的官窑瓷器，其实是比较笼统的说法，更严格来讲，是分两种：御窑瓷和官窑瓷。由于两种瓷器均由"官家"督造和采办，所以对民间而言，统称为官窑瓷。但就管理而言，则有非常大的区别。

　　所谓御窑瓷，是指专供皇家使用的瓷器，在器型、纹饰上均有严格的礼仪规定，等级森严，与《车服制》严格对应，错用或擅用均为重罪。御窑瓷在严格的等级规范下，作为皇家专用的瓷器，其细分为：皇家瓷，比如清雍正的"正黄瓷"，就是皇家专用色彩，仅皇帝和太子可以使用；王府瓷：形制设彩依例专烧，供包括亲王在内的其他皇室成员使用。著名的"乐道堂瓷"即是王府瓷中的典范之作；一品宫瓷：普天之下，莫非王土，率土之滨，莫非王臣。多做帝王赏赐之用。早期的宫瓷题材多取自官服上的补服元素，比如武一品的麒麟，文一品的仙鹤等。值得一提的是，民窑瓷用龙多将爪藏于云水之中而不现，可以说是一种皇家礼制与民俗的相互妥协。

　　《清史稿》记载，皇家御窑烧造，归养心殿造办处负责，即由养心殿造办处提供形、制、纹样、工艺要求，很多样品均在京城试烧，这一点在康熙时期尤多。逢皇家盛典，则会专门指派高级官员（往往是皇室成员）督办。例如"同治皇帝大婚瓷"就是由时任

明萬歷 御窰黃地五彩隻龍紋盤

总理大臣、辅政王的恭亲王奕䜣专门督造。

官窑瓷，主要是庞大的官僚及富人地主使用，形制要求相对较低，多限于花鸟虫鱼神话等"礼制"之外的题材，有时皇家会作为"趣味"把玩器采购，但多为官员、富商使用。这一类瓷器，一般由内务府采办，在景德镇设有专门的督陶官，长年烧造。

说了官窑瓷就多说两句民窑瓷。民窑，即民间瓷窑，相对于宫廷（朝廷）兴办的官窑（御窑）而言，属非官方经营的、以商品性生产为主的瓷窑，生产的瓷器都为满足国内外市场普遍需要的日用瓷和陈设瓷，销售地区极为广泛。时间上特指民国以前，其中以明、清两个朝代最为兴盛。民窑的产品称客货，风格与官窑迥异，除去一些限制生产的花纹和器型，可以说民窑瓷器的造型和纹饰题材更丰富自由。民窑精品就是民窑瓷器中烧制特别精良的瓷器，它们相比官窑留存得要多，多为古代文人富商定烧的瓷器，虽不及官窑巧夺天工，精益求精，却也少了几分严谨端庄，胜在风格自由奔放，绘画烧制随心所欲。

这件明万历黄地五彩双龙纹盘就是典型的御窑瓷。万历五彩素有盛名，珍罕名贵。万历时期五彩瓷烧造难度很大，产量低，传世不多。这件盘子为万历五彩的升级品种，在黄釉上用五彩绘画，烧制更为艰难。黄釉从明代起受到皇家重视，成为天子的代表颜色。这件盘子以黄釉做底，又以五彩绘画双龙纹，愈加珍贵。而且万历时期的五彩发色对比强烈，较嘉靖时期更为浓艳凝厚，配合以明黄底釉，大红大紫，颇为华丽。在北京故宫博物院中，藏有一件瓷盘与这件瓷盘样式相

同，如同孪生一般。这种黄地五彩盘在20世纪就被日本藏家奉若至宝，备受珍爱，在日本收藏家眼中，黄地五彩这种釉彩的器物是万历时期瓷器收藏中不可或缺的重要品种之一。

五彩瓷器成熟于明代，是由诸多因素决定的，可谓天时、地利、人和所促成的必然结果。"天时"是指明代全国几大著名的瓷窑，均出现衰落的趋势，尽管还有不少地区在生产各类陶瓷，但无论从产品的质量还是数量以及产品的多样性方面，均无法和景德镇烧造的青花瓷、釉里红瓷及釉上彩绘瓷媲美。如浙江龙泉窑仍继续烧造青瓷，磁州窑的白地黑花器虽然仍为人们所钟爱，但在陶瓷的胎釉和制作工艺方面却无法和景德镇的瓷器相抗衡。至明代中期，景德镇的瓷器几乎占据了当时全国的大多数市场。大量的需求，极大地刺激了景德镇陶瓷制造业的快速发展和规模扩大。景德镇成为"天下窑器所聚"的繁荣的瓷器生产中心。宋应星在《天工开物》中记载："合并数郡，不敌江西饶郡产……若夫中华四裔，驰名猎取者，皆饶郡浮梁景德镇之产也。"当时景德镇瓷窑遍地，一派生机。明万历时期王世懋在《二酉委谭》中记录了景德镇当时的繁荣景象，"万杵之声殷地，火光炸天，夜令人不能寝。戏呼之曰四时雷电镇"。

但是作为皇家的瓷器，底是黄釉，这种颜色是万历时期特有的。习惯了清代的瓷器后，你会觉得万历年间的色泽有种古朴的韵味。它是历史的见证，也在我的收藏当中，看出一个年代流传的顺序。我希望在我的收藏中，有一天能看到中国瓷器的这种变化，比如龙的画法的变化，色彩的变化。这些变化口说无凭，要有物证来印证。的确，明代的东西我没买太多。因为现在真正在拍卖市场多的还是清朝的。尤其是康乾盛世，清前三代的瓷器，在拍卖市场上特别叫好。但是我觉得作为一个热爱收藏的人，还应该有一种学术精神。收藏也好，艺术也好，当然先从自己的喜爱开始，但喜爱的程度深了，就不得不去探究你喜欢的这种美的来龙去脉，它之前是什么，之后又会演变成什么。我常常会去琢磨这事，我从清朝瓷器知道了这种美，那清朝瓷器的美又是从哪里演变来的？这就得继续往前追溯，追溯到明朝。迄今，我收藏的明朝万历时期的瓷器只有两件：一件是黄地五彩双龙纹盘，一件是青花五彩龙穿花卉纹大缸。这种五彩斑斓的美，也是让我欲罢不能的。

金丝楠木的"包装盒"

清康熙	青花底绿彩双龙戏珠纹碗

　　有人把杂件收藏比作聚宝盆：聚集珠宝、珍宝、财宝之盆。杂件，老古玩习惯上又称杂项。古玩范畴里面，除陶瓷外，可供上手把玩的工艺藏品，包括玉器、家具、绣品等，都可称为杂件。杂件收藏种类最多、形制最奇、工艺最精、范围最广，赏玩魅力无穷，杂件收藏，趣味在一个"杂"字。杂项的收藏家大多都专注于其中一两个门类的精心收集，大的如家具、石刻；小如铜钱、珠串；薄如纸张、丝绢；坚硬如奇石、铜器，无一不使收藏者们醉心其中。本人对杂项收藏知之甚少，偶购小件，只当是抛砖引玉，小做介绍。

　　这件金丝楠木的盒子其实是一件康熙时期龙纹碗的"包装盒"。这对作为铺宫瓷的清康熙青花底绿彩双龙戏珠纹碗，釉彩制作比较复杂，首先需青花勾勒纹饰的图案及填底色，罩上透明釉入窑烧制，再在其上用绿彩填色，从而形成蓝底绿彩的效果，这种青花底留白填以绿彩龙纹的方式承袭了明代宣德、成化时期的制作方法和表现风格。此对小碗为清宫中历代定烧的固定例瓷，通常就将这类瓷器归于"铺宫瓷"之中。

　　小碗的绿彩十分鲜艳明亮，青花已经具备了康熙"五彩青花"的精妙，墨分五色，浓淡不一。人们常说时代决定风格，在瓷器绘画上也有体现，这对小碗的碗壁上用绿彩绘画的双龙戏珠纹，双龙以十字祥云环绕，云边燃起山形火焰，仿佛龙行天地之间，跳跃欲出，气势磅礴，形象地表现着大清王朝盛世的皇家威仪，象征着康熙皇帝一统天下的雄心壮志。

　　满族自清初皇太极称帝，就初步具有了后宫妃嫔制度，当时皇太极立五宫后妃，为清

康熙年製
綠釉龍紋菓子盂壹雙

宁宫皇后、关睢宫宸妃、麟趾宫贵妃、衍庆宫淑妃及永福宫庄妃。顺治十五年（1658），采礼官之议，循明六局一司之制。至康熙时后宫制度完全确立，皇后居中宫。这种蓝地绿龙碗为清代皇室的日用器皿，在后宫之中为嫔所使用，是清代官窑的传统品种，在世界各大博物馆中都可以找到造型、尺寸及装饰相同的作品。

对我来讲，各种各样的龙纹碗我见多了，十几年的收藏经历下来，对此已经见怪不怪了，但为什么这对碗能打动我呢？大家都记得"买椟还珠"的故事，当我去拍卖会时，第一眼是看中了这个包装盒。我下意识觉得，光看这包装盒子就够有档次的了，里面的东西肯定也会好。当然我买下了"椟"，但并没有"还珠"，连盒带碗一起拿回家了。

虽然这话有些半开玩笑，但这瓷器在我所有的藏品当中，却是包装最华丽的一个。盒子从工到料都很讲究，单看年头就得有近百年了，大约是半个多世纪之前做的。

打开盒子，里面是丝质的锦缎包装，两个碗严丝合缝地卡在里面，说明这是专门定制的。而且，明显是皇宫里的手法，把这对碗当作宝贝，才能严丝合缝地做出这样的盒子，完全吻合了碗的形状。这碗是平着放进去的，不是上面开盖搁下去的，有点像传统里"起帘"的方式：首先映入眼帘的是一层玻璃，这碗是在玻璃的后面，像开第二道门一样，然后才能拿到这个碗。想当年不论是宫里的人也好，收藏家也好，也是把这对碗当作美器欣赏，只可观，不可"亵玩焉"。

这个包装的精美，我这么多年在收藏界里没见过，是宫廷里的老包装，并非日本人后来做的，所以宫廷范儿十足。就连日本人也会认为，这包装足以说明这东西的价值，足以说明它是来自中国皇宫的东西。这金丝楠木的盒子如此珍贵，就不由我不想这里面的碗到底价值几何。金丝楠木在皇宫的价值超过黄花梨和紫檀。金丝楠木的木头切开之后，能看到万道金丝，在太阳底下看闪闪发光，与黄花梨和紫檀完全不一样。皇家选择木料时也会有很多考虑，金丝楠木的华贵和稀有，很符合皇族宫廷里奢华稳重的风格。所以盒子的这两道"帘子"，金丝楠木的和玻璃的，乍一看就已经让我晕头转向了，我下定决心一定要收藏它。

现在这个盒子到了我手里，好多行家看着就说："哎呀，这个东西，真是好马配好鞍。"有了这金丝楠木的包装盒，这瓷器，从内及外，就是一个完整统一的艺术品了。

康熙年製
綠釉龍紋菓子盂壹雙

清康熙 青花底綠彩雙龍戲珠紋碗

情谊无价

清嘉庆	官窑珊瑚红釉花觚

　　这个嘉庆年间的珊瑚红釉花觚是皇家祭拜时用的瓷器，是一个好朋友送我的。他自己也喜欢收藏，在我生日那天，把这东西当礼物送给我了，并提了一个要求：决不能拿去卖了。人有时就是这样，当他送你东西时，就是让你留个念想。对我来说，他之所以半开玩笑地提醒这一句，是因为确实存在这种情况，很多人收到这样的礼物后，比如名人字画，收藏者可能出于各种各样的原因，过几年就拿到拍卖会上卖掉了，这也是一种风气。他不希望我拿去卖，如果这样的话无形当中礼物变成金钱，他的这份情谊就相当于折现了，明码标价了，就无法再谈"情谊无价"。

　　这个花觚上没有龙纹，属于我的收藏范围之外，之所以要专篇来谈它，其实就是因为收藏家之间的一种特殊情谊。我觉得在收藏圈里，人与人之间会因为收藏结下情谊，惺惺相惜，彼此有一种精神上的鼓舞。从开始收藏到现在，我因此结识了很多专家、行家和朋友，他们经常带给我意外的惊喜。比如生日时会送我一个古玩。这也是人家的心头之爱，送你了，就是送了一份情谊。这是一种非常值得珍存的美好情感。

　　朋友送我的这个花觚特别好看，标准器，嘉庆年间的。随着瓷器烧造技术的不断提高，瓷器的造型更加丰富，很多陈设用瓷开始有了一定的实用功能。经过明代嘉

靖、万历时期的发展，花觚的造型也更加多样化。花觚始于元代，主要流行于明嘉靖、万历至清乾隆这一段时间。早期的花觚除了陈设用之外，民间多用于插花，布置厅堂。花觚的造型隽秀，端庄大方，线条变化十分丰富。常见的有五彩花觚和青花花觚两种。装饰题材有人物故事、民间传说、缠枝花卉或是花鸟等。

不过，在出这本书之前，我却已经出手了这件瓷器。当然，在出手之前，我内心的确特别纠结，毕竟这是一份情谊所在，虽然心里有些过意不去，但相信朋友能理解。因为我利用所得的收益又收藏了一件龙纹的瓷器，相信他愿意看到因他的礼物我所收藏的龙纹瓷器更加丰富和完整，他一定能认可我，因为我换来的龙纹瓷器，对自己的主题收藏做了一件更有意义的事情，同时也让这份礼物更有价值。在以后的日子里，每当看到这件龙纹瓷器，我都会想到这份情谊。也许我会忘了这件花觚器物，但是不会忘记这份情谊，以及这种馈赠所带给我更丰富、更完整的收藏的呈现。

这种方式在收藏圈其实是一种以藏养藏的行为，属于更高的收藏水准。目前，我也开始通过这种方式来完善自己的收藏。面向高端藏家、面向大众，每个藏家都需要这样的流通，不断筛选、流转藏品，最后留下的便也都是精品。当然，做到这一步，其实是很难的。或许有一天，我也会拿自己全部的二十五件藏品只换回一件重量级的藏品，收藏家需要这样的决心和志向。收藏不是越多就好，而是越精越好。及至那时，我也就真正实现了这种理念。

美的滋养

黄花梨木的龙纹花板和"处女碗"

　　其实在我收藏的早期，本来可以同时收藏一些黄花梨家具，但我把注意力都放在龙纹瓷器上了，所以放弃了这部分的收藏，但有一点我却没有忽视，就是"花板"。

　　花板主要指过去老房子里用于装饰的平面木雕构件，如中式房子的隔扇门窗、厢房厅堂的隔断装饰、屋檐门头装饰构件、箱床面板装饰、壁挂条屏等。这些花板雕刻精美，内容丰富，本身就是传统艺术品。

　　目前我收藏的全是明清的黄花梨龙纹花板。有些板是从大家具上起下来的，家具破损了，但花板完好无缺。长方形的、正方形的、圆形的都有，就跟零散的部件一样，但有一个共同点——图案雕刻的都是龙纹。像这块花板，是我收藏的最精美的花板。我曾经跟马未都老师沟通过，这块花板可以达到观复博物馆的馆藏级别。一整块的大木料，没有任何拼接，至少要生长500年。整块花板上的每一条龙都首尾相连，穿梭于万花丛中，刀工和技法都无可比拟。

　　明代硬木家具，尤其是明代黄花梨家具的流行并不早于明代中期，即嘉隆万时期。16世纪末至17世纪初，当欧洲的巴洛克艺术在西方世界依然占据主导地位时，东方的中国正经历着明王朝市井文化的繁荣期。也正是在这一时期，在中国南方的某些

黄花梨木的龍紋花板

地区，出现了苏作硬木家具。起初，苏作家具在江南地区主要采用当地盛产的榉木作为制作原料，至明中期以后，则更多地选用黄花梨、鸡翅木等木材。黄花梨家具很快流行起来。

以黄花梨为代表的明代家具不仅种类齐全、款式繁多、用材考究，而且造型朴实大方、制作严谨准确、结构合理规范，逐渐形成稳定鲜明的"明式"家具风格。这一时期的家具不论是制作工艺，还是艺术造诣，都达到登峰造极的地步，成为中国乃至世界家具艺术发展史上最具艺术感染力的精品之一。

早期这些黄花梨的花板都不贵，几百、几千块都有。十多年前，甚至有的花板不到100块钱就能买到，但时光荏苒，这些花板的价钱一路飙升，已经变得相当昂贵，并且市面上已经难觅品相上好的花板。因为大家都知道，把它镶起来，挂在墙上，装饰性极强，特别美。

所以花板可以作为一种新的收藏方向。收藏领域是海纳百川的，只要你能找到自己的所好，从残品里都能找到美的享受。从某种程度上讲，这些黄花梨花板难道不是残品吗？都是某个大家具上的部件。但如果把残品收集成一个系列，残品也就成为了藏品，每个花板也就成为一个精美的艺术品。这就是收藏的神奇之处。

黄花梨花板的美在于木纹本身的纹路，以前我有一个习惯，只要脸上一出油我就往黄花梨板上蹭。听上去很好笑，哈哈，他们说养家具最棒的是人油，就是不断地摸、蹭，对它来说都是滋养。现在的黄花梨自内向外显现的是金黄和油润的感觉。

人家说我是歌坛常青树，说句玩笑话，其实就是黄花梨板蹭的。这是美容秘方。你养它，它养你。这又牵扯出收藏的一个美学概念，就是你跟你喜爱的古玩艺术品之间，彼此都是美的滋养，懂得欣赏它的人是美的人，它的美又在不断地提升你的境界和品位。

　　说到了收藏品的保养，我在这里特别想说说瓷器的保养。瓷器是怎样保养的呢？不需要特别的保养，只要收藏好，不需要洗啊、擦啊，定期掸掸灰就行了。阳光的照射也不会有问题，不会褪色的。有的瓷器拍出时，拍卖公司会标注一句话："完好如库出。"就是完好得像刚从库房里拿出来的一样，没有被使用过。而有些瓷器，是被使用过的，会有使用过的划痕，这很正常。在中国皇宫里使用的瓷器都相当珍贵，都是由御窑督陶官监制，比如大的天球瓶，不是想烧几个就烧几个，可能一批只烧几十个，用完就没有了。这些瓷器在宫里使用和摆放时也相当的小心、仔细，如果不小心打碎了，有可能是要掉脑袋的。这些瓷器也是有数的，损伤一套，补充一套，不是胡用乱用的。数量、品种都有专门的人负责记录，如某个款式的碗在景德镇烧造了300个，可能用了几十年，慢慢损耗掉了200多个，库里还留有几十个，各种原因流传了出来，就没有被使用过，而是被一代代完好地珍藏了。

　　因此，"完好如库出"这几个字很重要，说明未被使用过，从宫里流出来之后，被几代收藏家完好无损地保藏了下来。我称之为"处女碗"，我收藏有好几个"处女盘""处女碗"呢。

混搭之美

明万历	龙纹漆盒

漆器，兴于唐代，盛于明清。现在市面上的传世漆器以明清两代的为主。明清两代髹漆工艺在继承唐宋元优秀传统的基础上进一步发展，以多种传统技法相结合为特点，进入了以斑斓、复饰、纹间、填嵌等为技法的千文万华的时代。

我手里的这个漆盒，是明代万历年的，过去应该是搁印泥的。一面是瓷器，画的是松树下两个道人，另一面则是漆雕，戗金的龙，外面全都是漆器包裹着。鳞全都是金，这是一种工艺，原本应该全是大红漆，但是为了让龙和山峦凸显出来，体现皇家金碧辉煌的感觉和气势，就使用了戗金的工艺。

戗金，又称沉金、枪金，是一种在漆器上刻画出金色线条、细点的装饰技法，最早记载于陶宗仪的著作《辍耕录》，目前发现最古老的戗金漆器是1978年在江苏南宋古墓挖掘出的3件木胎戗金漆器，此技法在明朝时十分盛行，曾在元朝时传入室町时代的日本，日本称之为"沉金"，在日本相当风行，传承至今，是取让金色沉陷在刻纹的技巧命名。用戗金技巧在漆器上描绘的松叶纹，戗金技巧做法是在推光漆或罩漆完成的漆器上用针或雕刀刻出线条或细点进行纹饰，在刻痕内填金漆，或再贴入金箔、黏敷金粉后轻拍，使金箔、金粉深入凹槽，令刻在漆器上的花纹呈现金色，表现出漆

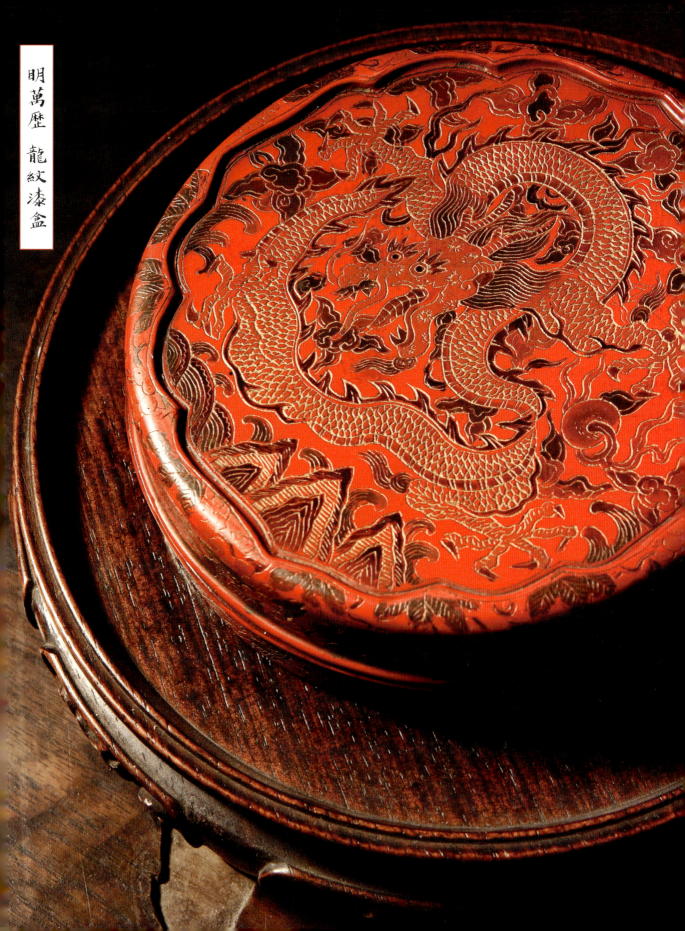

明萬曆 龍紋漆盒

器纹路的立体感，具
有快速流畅却又沉
稳的美感。而中国
跟日本在戗金技法
上的主要差别在于
日本的刻法用刀，
由粗刻到细，类似用
毛笔写字有抑扬顿挫。
中国却是以粗细不同的针
混合使用，所以日本与中国
制作戗金时表现出的线条并不
一样。

　　戗金所用的材料金箔优于金粉，因为
贴金箔能与漆面成强烈对比，相较下黏敷金粉的色
泽较淡，而且金箔又比金粉便宜，所以使用概率相对较高。戗金的技巧除了使用金当
原料，银也是常被利用的材质。

　　有了戗金这个东西就显得很有意思了，两种材质拼在一起是完美的结合。有点像
今天的混搭，古人也有混搭，这混搭是从明朝来的，从宫廷的艺术品上开始混搭了。
今天的混搭是从明朝开始的，无论是从材质还是从设计上，都是混搭的典范。

　　漆盒的龙是雕刻上的，而雕漆在漆器中工艺最复杂、造价最高昂。因此，雕漆尤
其是剔红，是明清两代宫廷漆器中最主要的品种。今天，我们看到的明清两代的宫廷
造雕漆作品，以北京故宫收藏最多，流散在外的也不少。

　　明代永乐、宣德年间的剔红，以著名的元代嘉兴西塘张成、杨茂作品为榜样，由

张成的儿子张德刚与包亮主持内廷果园厂官办漆做生产，器型以各式大小果盒、果盘为主，堆漆肥厚光亮，刀工圆润丰腴，与元代剔红同属工艺美术史上的珍品。成化、弘治年间内廷雕漆制品不多，器胎变薄，花纹疏朗，标志着西塘派雕漆已进入尾声。嘉靖、万历年间的雕漆不少，但特点变为刀不藏锋、棱不磨熟，艺术价值逊于永宣时期。明朝末年作为宫廷特有工艺的雕漆失传了，至乾隆四年，在乾隆皇帝的要求下，由雕竹名匠封歧刻样，苏州织造管理下的漆作仿制成功，此后宫廷用雕漆亦大多由苏州制作。乾隆雕漆器物种类极多，并向大件发展，除盘、碗、盒、匣、炉、瓶之外，还有屏风、宝座，乃至车辇舟船、亭台殿阁的模型陈设等，工艺风格上更加追求精工纤巧，刀工锋棱毕露，纹饰繁缛，还有的在雕漆上镶嵌珐琅、玉雕、牙雕、镏金铜饰件等，富丽堂皇，但过于堆砌，有损艺术价值。乾隆以后宫廷可能不再要求制作雕漆器了，以至于后来慈禧太后要求进贡时，得到的回复竟然是技艺失传。

在技艺上和材质上的混合搭配，让我每每在欣赏这个漆盒的时候都不由感叹它的奇特。也许有一天，我写"养和堂"，练字的时候，把它当印盒用。慢慢地，我会把我

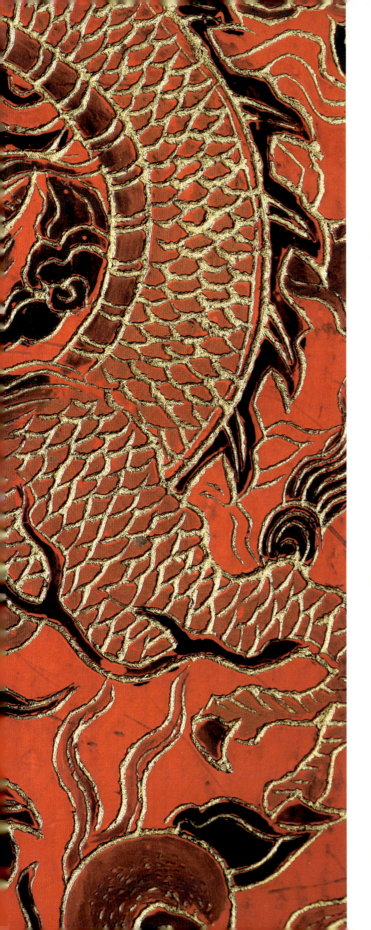

的收藏全都应用在生活中，这些精美的古典艺术品，能够给它艺术化、家居化、时尚化，让这种美散落在生活的每一个角落，展现在视觉的每一个角落。而且真正把它用上的时候，我会觉得我不仅是端着金饭碗，我就是一个金人。我用这种方式来一场真正的穿越，跟古人有一种神交。

艺术的生活，生活的艺术。古时候在皇宫里也是这样的，虽然是重兵把守，皇上的所有宝贝玩意也会展示出来的，包括三希堂王羲之那些字，他也收藏，他定期看、定期挂，宫里到处都是那些养眼的艺术品，所以在现实生活中，人们也是要古为今用的，收藏不是为保险柜而收藏的。

谈到这里我就很赞赏马未都先生把他的宝贝拿出来变成观复博物馆，展示给大众，我做不到这点，但我可以先在自己家里展示出来，这也是出版这本书的初衷，也算是完成自己一半的理想。在我收藏的过程当中，让大家通过这一件件很美的器物，能够传达一种美的观念和中国传统文化的大美。

中国文房四宝、琴棋书画，这些东西才是地球上最奢侈的东西，我宁愿把自己有限的金钱，靠我的金嗓子唱出来的钱，去买中国的"金饭碗"。

幽菁浓丽满是情

清道光	官窑青花云龙纹碗	（一对）

这件器物满绘青花纹饰，碗壁主体绘行龙穿云纹，苍龙双目圆睁，须发横飞，肢体矫健，遒劲有力，周身环以壬字祥云，腾云驾雾，威仪不凡。此碗虽内外满绘纹饰，却繁而不乱。在常见的官窑器物制式中，瓷碗外壁满绘纹饰，碗内则在碗心处绘纹饰，或者外壁通绘纹饰，碗内光素无纹，而这件小碗则内外通体满绘，无论内壁外壁均被填满，非常特别。

道光一朝前后共29年，青花器具用国产青料，发色幽菁浓丽，且笔触细腻，绘制精细。碗底所书写的"立本堂制"四字方章款，是道光时期的堂名款，而立本堂则是圆明园中的一处庭院。这对道光青花云龙纹碗造型考究，制器严谨，青花稳定深沉，绘制纹样精巧工丽，所绘龙纹直追嘉靖、万历之作，应该是道光时期宫廷为立本堂定制的器物。

当时之所以要收藏这对龙纹碗，我首先看中的就是其精美而极满的画工，这非常吸引我。另外，此碗烧制于道光时期，但碗底并未见道光时期的字样，而是"立本堂制"的堂款，这也引起我的很大兴趣。皇家的瓷器背后所写的堂号都是很讲究的，所以这个堂款想必也有其意义：或许是三十而立，或许是诚信为本，又或许是一种本

真立世的信念，它带给人的是一种美好的人生理想和志向，也是一种正能量的美好愿景。"立本"二字真正打动了我，如果上面所书是其他什么堂号或许就不会引起我的关注了。其实，在艺术器皿上刻写堂款或诗句也是古人表达人生理想、寄托大情怀或大志向的方式。

　　这对碗是我在香港一家世界著名的拍卖公司举行的拍卖会上拍到的。当时看到这对碗的时候，我就跟一些收藏家沟通过，他们也认为这对碗十分特别，尤其是碗底的款和饱满的画工，而且是完整的一对，非常少见，值得收藏。就像每个藏家一样，我也总希望自己的藏品能非常特别，所以就毫不犹豫地拍下了。

　　这个东西要怎么用呢？随你想。要我的话，就拿它盛冰淇淋吧。

清道光 官窰青花雲龍紋碗

<table>
<tr><td>浴砚书屋</td><td></td></tr>
<tr><td>清乾隆</td><td>青花矾红龙纹小酒杯</td></tr>
</table>

2003年，在北京荣宝斋的一次拍卖会上出现了六只非常稀有的底款刻有"浴砚书屋"的青花矾红龙纹小酒杯，让我激动不已。因为，与我之前收藏的一对道光时期的矾红龙纹小酒杯上面龙纹和海水都是矾红色，而这几只小酒杯上的海水是青花的，龙纹则是矾红的，非常精美。当时有个朋友告诉我可以去拍，因为这种款的小酒杯没有出现过，而荣宝斋又是享有盛誉中国拍卖公司，如果能买下来最好了。不过，当时他有个好朋友恰好也喜欢这六只杯子，最终因为我胆子小，没有坚持到最后，结果这六只酒杯就被他的这位朋友买走了。

但是，这些杯子却真正触动了我的心，所以心中一直存有念想。时隔一年，那个朋友告诉我，杯子的主人要转手两只，而且是品相最完好的一对。我没有让这次的机会溜走，毫不犹豫地买了，而买下这一对的花费已经超过了一年前他买下那六只的价钱。

当然，我的这位朋友也很喜欢这对杯子，我也就分了他一只。剩下的这只小酒杯就一直孤零零地摆在我的藏品柜里面。后来，这位朋友告诉我，他认为这酒杯下面应该还有个盏托。盏托是一个盘，中间有个窝槽，正好与酒杯吻合，因为这是给"浴砚书屋"定制的，应该是一套才对。虽然我也给它配了一个黄花梨的小木托，但这个想法也一直萦绕在我的脑海中：是不是真的有一个盏托？

直到十二年后，在嘉德公司的一次拍卖会上，终于出现了类似的一个盏托。我马上把朋友找来了，我们都觉得它应该与我的小酒杯是一对的，而且这个盏托的款也是"大清乾隆

年制"，跟"浴砚书屋"青花矾红龙纹小酒杯的年代是一致的。但我也不能确定，第二次去的时候，我就把小酒杯带到了预展上，看看是否吻合。当时我内心七上八下，心想如果真能配上该多好，但如果配不上又多遗憾。让人惊艳的一幕出现了：小酒杯非常完美而静静地落在那个盏托的槽里，这时，我心里悬着的石头终于落了地。原来它们真是珠联璧合的一对，在分散了多年之后，终于找到了彼此。当时拍卖会的工作人员还跟我开玩笑说："蔡先生，你干脆把这只酒杯一起留下吧，我们一起拍卖了。"我可舍不得卖，巴不得把这对赶快带回家。因为在拍卖会上仅有这一个小盏托，缺少与之相配的小酒杯，所以没经过太激烈的竞争，这个盏托就被我拍到手了。

清乾隆 青花矾红龍纹小酒杯

后来，有一年王刚老师在北京电视台主持的《鉴宝》节目中，举办了一次新年特别节目。当时，收藏界的众多大家都去参加了这次节目，王刚老师也邀请了我。我就是带着这套酒杯去的。当我在现场把这套酒杯的故事讲给大家后，赢得了满场掌声。虽然很多收藏家带的是重器，论价值不知道比我的要贵重多少，但这次我却是以小博大了。很多收藏家，像翟建民、马未都、王刚，都是第一次见到我的这套酒杯，他们说这就是收藏的魔力。或许你一辈子都无法配上这样的一套，但你用了十二年的等待，最终促成了这样的天作之合，实为难得。与在场的重器相比，这套东西的收藏意义和精美程度是特别不一样的。那也是我第一次在电视上展示自己的藏品，而这段收藏的故事也被行里人传为一段佳话。

这对东西虽然精小，却是我心里特别珍爱的，我就觉得它们从此不能分离，如果有一天能呈现给大家，也希望它们是一对出现。它们既属于同时期，又有同一出处和身份，这样的吻合，真的是极难。它们互相找到了彼此，这也让收藏价值大增。所以，我的朋友说："真正的藏家就是像蔡先生您这样的，在真正遇到好东西的时候能留得住，时光总能证明它的价值。"

对于这套青花矾红龙纹酒杯的收藏，让我有一种巨大满足感，过去认为不可能实现的期盼实现了，那真的是惊喜。其实，我想每个藏家都有这样的追求，希望呈现给大家的是完满的。

后记

胜赏　　中国的瓷器之美

官窑瓷器都是给圣上看的，因为有了这个谐音，所以就去请了"胜赏"这幅字。每个官窑瓷器过去在皇宫里就是给圣赏的，到了现在更觉得不能小看祖宗留下来的瓷器。即使是锅碗瓢勺，都透着中国瓷器的大美之韵。

在英文中，瓷器叫"Chinaware"，这说明，欧洲人很早就认为中国是和瓷器密切关联在一起的。瓷器15世纪时就传入欧洲，在中外交流中占有重要位置。德国卡赛尔郎德博物馆至今还藏有一件中国明代的青瓷碗。历史上，中国和亚、欧等国瓷器交易极为频繁，而且数量巨大。据研究，1602—1682年，仅荷兰东印度公司贩运的中国瓷器就有1600多万件。瓷器以其优雅精致的品质，为中国赢得了好名声。17－18世纪欧洲出现了一股"中国热"，许多思想家对中国文化表现出了浓厚的兴趣，其中瓷器就扮演着重要的角色。我们在当时风行欧洲的洛可可风格中，也多少可以看出以瓷器、园林为代表的"中国风"的影响。

瓷器是中国文明史上的重要物品。瓷器的前身是陶器，釉陶是瓷器产生的基础。

　　大约在公元1世纪时，中国就出现了瓷器。到了宋代(960—1279)瓷器进入了成熟期。宋瓷代表中国瓷器的最高水平，当时有钧、定、官、哥、汝五大名窑，各窑的瓷器均具创造性，一直是后代模仿的对象。自元代开始，景德镇开始成为中国的瓷器中心。

　　中国瓷器莹润可玩。沉静的色彩、透明的胎体、优雅的图案、精巧的形状，都是一代一代瓷器艺人追求的目标。青铜器、陶器、瓷器都是中国人喜爱之物，但风格各有不同。瓷器虽没有陶器的古朴，却多了一些细腻；没有青铜器那样肃穆，却多了一种轻巧和优雅。瓷器可以说是中国文化的名片，这个名片中凝聚着中国文化的信息，也体现了中国人的审美追求。

　　如今我出这本书，仍然让大家怀着"胜赏"之心来看这本书，看这本书里我收藏的每一件瓷器，我精心摆放、体现瓷器之美的照片。以赞赏的眼光、欣赏的眼光看待中华的古老文明。

堂

國慶賀壽

丁亥

兢賞

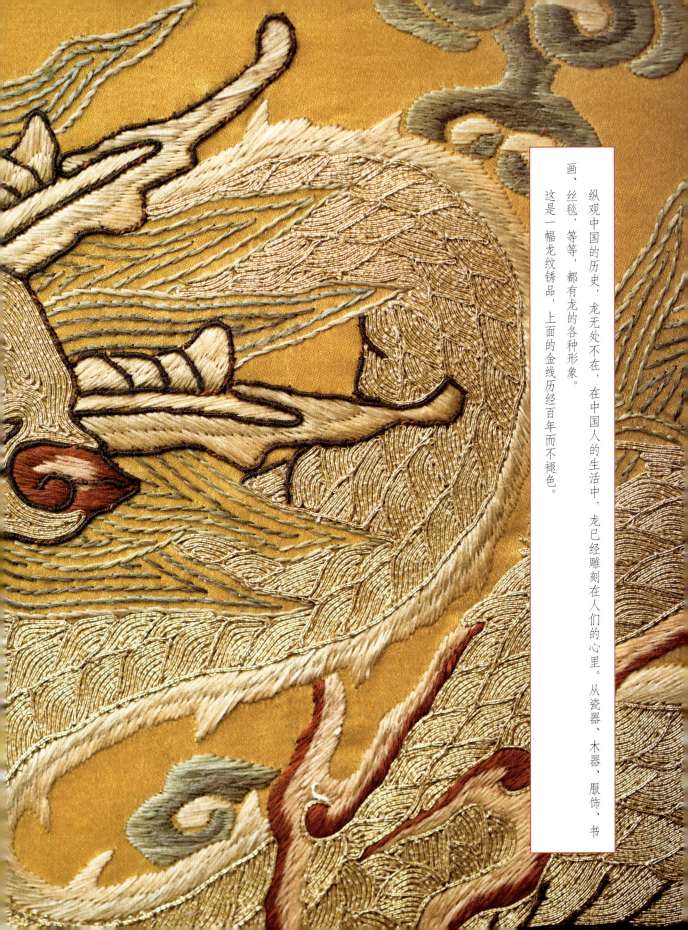

纵观中国的历史，龙无处不在，在中国人的生活中，龙已经雕刻在人们的心里。从瓷器、木器、服饰、书画、丝毯，等等，都有龙的各种形象。

这是一幅龙纹锈品，上面的金线历经百年而不褪色。

这是一块象牙制品，从雕刻的手法到构图堪称一流。专家认为它的年代应到乾隆年间。

这是我最早收藏的一只清康熙年制的清花龙纹碗。从它开始，我在不断学习，了解不同年代龙纹的画法。当年，各个朝代的龙纹图案的瓷器，在我眼里都没什么区别。事实上，它们之间的区别实在是太大了。这只龙碗的尊容，霸气冲天，它印证了康熙帝的宏伟大业、一统天下的大清之强盛。

这只无款的中等尺寸的天球瓶，当年因为价钱不贵，我才收藏了它。作为一个立件的瓷器，摆在家中的条案上，很是养眼。瓷器的精美，不仅要器型精美端庄、比例适度，同时画面要饱满精彩，釉色温润，色彩浓淡相宜，层次分明。

特别感谢

范　曾夫妇　耿宝昌先生　马未都先生　陈凯歌先生　王　刚先生　王中军先生
章子怡女士　范冰冰女士　董　卿女士　林　丹先生　阎维文先生　毛阿敏女士
王玉芬女士

真诚致谢

王永生　杨洪基　董文华　李春平　朱军　汪涵　胡瑞泽　胡智勇　蒋霖猷　蔡红专
文　蔚　史学东　刘新惠　邹玉利　王玉忠　成中和　王新伦　吕双全　杨　欧　张盛熙
司　冰　陈志浩　宋珺　刘　芳　马小小　潘振宇　吴晓　李茹　黄　鸥　刘向林

感谢挚爱亲人

蔡仲秋　马恩荣　蔡君拉娜夫妇　蜜　娅　阿威力　秦　娟　蔡轩正

感谢

红蜻蜓集团有限公司
上海黄河资产管理有限公司
上海翔宇实业投资集团有限公司
观复博物馆
龙美术馆
健壹集团

蔡国庆官方网站 www.caiguoqing.com

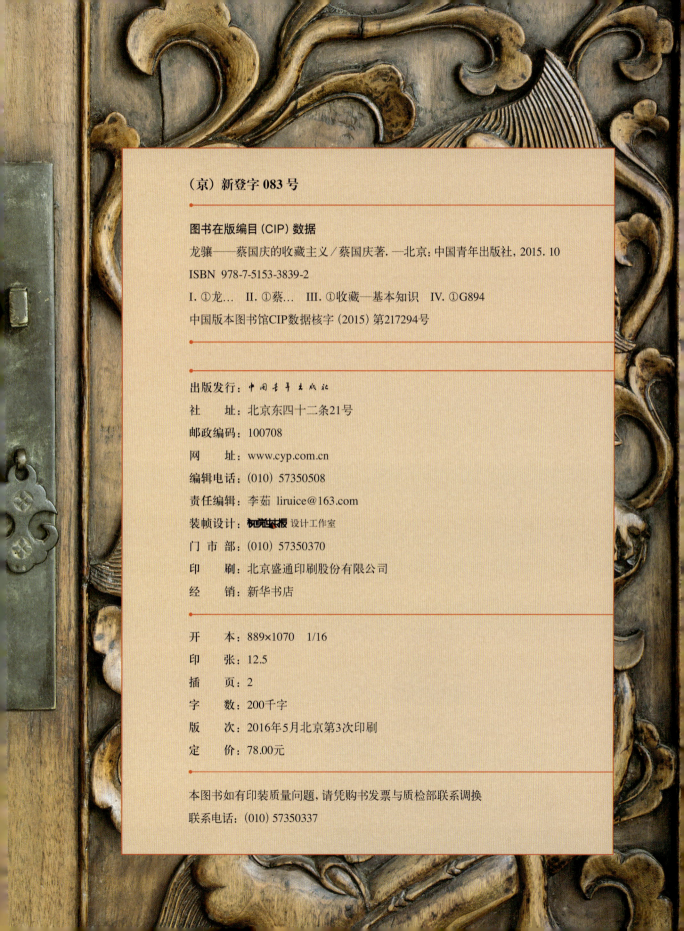

（京）新登字 083 号

图书在版编目（CIP）数据

龙骧——蔡国庆的收藏主义／蔡国庆著. —北京: 中国青年出版社, 2015. 10
ISBN 978-7-5153-3839-2

I. ①龙…　II. ①蔡…　III. ①收藏—基本知识　IV. ①G894

中国版本图书馆CIP数据核字（2015）第217294号

出版发行：中国青年出版社
社　　　址：北京东四十二条21号
邮政编码：100708
网　　　址：www.cyp.com.cn
编辑电话：(010) 57350508
责任编辑：李茹　liruice@163.com
装帧设计：视觉共振 设计工作室
门 市 部：(010) 57350370
印　　　刷：北京盛通印刷股份有限公司
经　　　销：新华书店

开　　　本：889×1070　1/16
印　　　张：12.5
插　　　页：2
字　　　数：200千字
版　　　次：2016年5月北京第3次印刷
定　　　价：78.00元